Haupt- und Mittelschule sind Orte, an denen die Integration eines
großen Teils der Jugend in Wirtschaft und Gesellschaft gelingen muss.

Bürger für Jugend

Anleitung zum Coaching von Haupt- und Mittelschülern
auf dem Weg an den Ausbildungsplatz und zur Gestaltung
von Coaching-/Paten-/Bildungslotsenprogrammen

Das Versprechen, das es einzulösen gilt:
„Jeder Jugendliche bekommt eine faire Chance"
 (Frau Minister Schavan, April 2010)

Dr. rer. oec. Johannes Rauter

Germering, im September 2010

Eigenverlag: **InnoBiz W**issen**W**ird**W**ert®
Grafische Gestaltung: Ute Fründt
Druck: BOD

3. erweiterte und überarbeitete Auflage 05 2010*

Alle Rechte vorbehalten, Nachdruck, Vervielfältigung und Verwendung
auf technisch verfügbaren Speicher- und Darstellungsmedien,
auch nur in Auszügen, nur nach ausdrücklicher schriftlicher Genehmigung
des Autors.

ISBN 978-3-00-031244-1

*Da der Titel geändert wurde, war eine neue ISBN-Nummmer erforderlich und insofern ist
die Bezeichnung als dritte Auflage streng formal gesehen nicht korrekt.

Preis 12, 90 € inkl. MwSt., zu beziehen über Internet-Bookshops

Zum Geleit

Das von Herrn Dr. Rauter verfasste Buch **„Bürger für Jugend"** setzt sich mit einem Thema auseinander, das sowohl in Familien als auch in Behörden und anderen Institutionen diskutiert wird.

Die Ansatzpunkte sind gut gewählt. Zum einen, junge Menschen zu unterstützen, eigene Ziele zu entwickeln, damit sie fähig werden ihre schulischen Pflichten mit diesen Zielen in einen Zusammenhang zu setzen.

Zum anderen, um Schülern zu helfen, sich ihrer Leistungen außerhalb der Schule, die fast jeder schon erbracht hat, bewusster zu werden und damit ein Fundament zum Aufbau von Selbstvertrauen zu setzen, das ja allzu oft fehlt.

Der dritte Ansatz ist, kontinuierlich und beharrlich dem Betreuten zur Seite zu stehen und konkret zu helfen, Ordnung in die Nutzung der verfügbaren Zeit außerhalb der Schule zu bringen.

Das Buch unterstreicht die Notwendigkeit des ehrenamtlichen Engagements im Sinne von **Bürger helfen der Jugend**. Es will keine wissenschaftliche Abhandlung sein, sondern ein in gut verständlicher Form geschriebener Leitfaden, der jenen, die sich in die Rolle des Coachs begeben wollen, sicher von Nutzen ist. Es bietet konkrete Hilfestellung im gesamten Prozess des Coachings und kann bisher noch Unentschlossenen die Entscheidung, sich in dieser Form für die Gesellschaft einzubringen, erleichtern.

Erika Glückler
Leiterin des Bürgerbüros der Stadt Fulda
November 2009

Dank

an jene, die mir im Laufe des Berufslebens Chancen und Ermutigung gegeben haben. An Dr. Josef Amann und die zuständigen Ansprechpartner bei der Industrie- und Handelskammer München, die mir mit vielen Informationen das Einarbeiten in die Thematik leicht gemacht haben. An Angela Ingianni für ihre Unterstützung und Andrea Sedlmaier für ihre sehr hilfreiche Textkritik und Evaluierung der pädagogischen Aussagen. Gedankt sei auch für die Gespräche, die ich mit Herrn Gerhard Steiner, Rektor der Werner-von-Siemens-Hauptschule in Augsburg, mit Frau Ilse Nitsche, Herrn Klaus Katzmayr und Frau Wittlieb über die effiziente Gestaltung des Coachings führen konnte. Danken möchte ich auch für anregende Gespräche mit KollegInnen wie Frau Andrea Diehl, Frau Andrea Groß, Herrn Georg Roth, Herrn Amin Dibadj, und jenen Gymnasiasten, die bereit waren Nachhilfe zu geben. Dank an Frau Stadträtin Eleonore Croeniger für das mir entgegengebrachte Vertrauen in der Startphase des Coachingprojekts Germering.

„Das Wertvollste im Leben ist die Entfaltung der Persönlichkeit
und ihrer schöpferischen Kräfte."
(Albert Einstein)

„Zwei Dinge sollen Kinder von ihren Eltern bekommen: Wurzeln und Flügel"
(Johann Wolfgang von Goethe)

Beide Zitate umreißen die Aufgabe des Coachens.

Inhaltsverzeichnis

Dank
Vorwort

1. Das gesellschaftliche Thema

Ausgangslage	10
Befunde der Bildungsberichte	15
Aktionen des Bundesministeriums für Bildung und Forschung	15
Coachinginitiativen in Bayern	18
Die Probleme auf Schülerebene	20
Quantifizierung des Unterstützungsbedarfs	20
Erfolgsbeispiel	21

2. Erfahrungstransfer zur Coaching-Arbeit 23

Wie packt man so ein Vorhaben an?	23
Überzeugungen und „Rezepte"	24
Tiefe des Engagements	26
Motivation, der eigentliche Schlüssel zum Erfolg	28
Sieben konkrete Arbeitsziele	31
Wer muss mitmachen?	35
Wie ist die Coaching-Aktion zu starten?	37
Was muss ich als Coach im Auge behalten	45
Selbstbewußtsein und realistische Erwartungen	51
Wie kommt man an den Wunschjob heran?	63
Arbeitshilfen Coach	70
Arbeitshilfen für Schüler und Coach	111

3. Wie kann man ein Coaching-Projekt organisieren? 121

4. Epiloge 129

5. Literatur und Sachregister zur Schnellsuche 133

Vorwort

Wenn am Tag der Zeugnisverteilung 2009 wohl nicht nur in Germering rund 50 % der Hauptschüler weder einen Ausbildungsvertrag haben noch eine Fahrkarte für eine weiterführende Schulausbildung, dann ist das nach meiner Überzeugung bedenklich. Besonders wenn man weiß, dass gerade hier in Bayern genügend Ausbildungsplätze zur Verfügung stehen.

Hier fehlt es an Unterstützung für Schüler und an Transparenz über Ausbildungsplätze und damit fehlt etwas an der Brücke von der Hauptschule zum Ausbildungsmarkt. Diejenigen, die im Juli zurückgeblieben sind, haben noch Chancen bis September. Manche landen aber oft in teuren und von der Bildungsforschung schlecht beleumundeten Übergangssystemen.

In Bayern sind seit 2000 viele Initiativen entstanden in denen Menschen sich bereit gefunden haben, Hauptschüler auf dem Weg in die Ausbildung zu unterstützen.

Diese kleine Schrift will ein erfolgreich praktiziertes Konzept weiter tragen. Sie will drei Dinge: Erstens, mehr Kommunen ermuntern, solche Initiativen im besten Wortsinn zu kopieren. Zweitens sollen Menschen, die grundsätzlich bereit wären, Betreuerfunktion zu übernehmen, eine Arbeitsanweisung an die Hand bekommen. Drittens will sie all jenen, die dafür sorgen können, dass solche Initiativen entstehen, also privaten Initiativen oder öffentlichen Stellen, hilfreiche Informationen geben.

Der Erfolg ist erfreulich. Jene Schüler, die mitmachen, kommen zu ca. 90 % in die Ausbildung.

Diese Anleitung zum Coaching ist kein didaktisches Dogma, es ist eine Erfahrungssammlung. Die konkrete, individuelle Ausgestaltung liegt beim „Bauchgefühl" des Lesers und – hoffentlich – Coachs. Es ist getragen von meiner Überzeugung, dass man ohne Ziele keinen Lebenskompass hat, dass ohne Aufmerksamkeit und Motivation der junge Mensch sein Potenzial nicht ausschöpfen kann. Generell wird für jene, die keine Selbstläufer sind, oft nicht die notwendige Zeit aufgebracht – weder von der Bundesagentur für Arbeit noch der Schule bis hin zu den Eltern, so mein Eindruck.

Hartz IV Kinder sollen nur „in Ausnahmefällen" (Verfassungsgerichts-Entscheid 2010) unentgeltlich Nachhilfe bezahlt bekommen, das könnte eine neue Coaching-Aufgabe werden.

Hier befindet sich ein Feld für bürgerliches Engagement als wichtiges Grundanliegen einer zivilisierten Gesellschaft. Alle Jugendlichen haben das Recht, eine offene Tür zu Wirtschaft

Vorwort

und Gesellschaft zu finden. Wo ist Gemeinsinn besser investiert, als in einen erfolgreichen Berufseinstieg dieser Jugendlichen?

Die Klage: „Gute Lehrlinge verzweifelt gesucht" besteht weiter. Die Schuldiskussion: Das Mitteschulkonzept wird kommen. Ändert sich da etwas an der Lehrer – Schüler Relation? Zweifel sind erlaubt. Denn nur ein Mehr an Zuwendung pro Jugendlichem könnte die von der Wirtschaft geforderte Qualität herbeiführen.

Ein neuer Schwerpunkt in dieser Auflage ist das Thema Motivation. Sie ist nach meinen bisherigen Erfahrungen der Dreh- und Angelpunkt überhaupt. Können wir die Jugendlichen zu einer gewissen Begeisterung für ihre Zukunft bringen, haben wir und der Schüler gewonnen, der Rest ist dann Routine.

Ein freundlich gemeinter Aufruf: In einer Gesellschaft mit relativ niedriger Erwerbsquote* wie hierzulande, gäbe es eigentlich viele Tatkräftige, die in diesem Feld eine höchst verantwortungsvolle und nützliche Aufgabe finden könnten. Nicht Ruhe, sondern Arbeit mit der Jugend sei – hochgeschätzte – Bürgerpflicht!

Es bleibt festzuhalten, dass das Umfeld für diesen Erfahrungsbericht Bayern ist. In vielen anderen Regionen stellt sich die Problematik wahrscheinlich anders dar. Das beste Coaching hilft nichts, wenn die Region keine Wirtschaftsperspektive und damit kaum Ausbildungsplätze zu bieten hat. Dann kann es für junge Leute nur eines geben: abwandern.

Im ersten Fünftel des Buches wird der gesellschaftliche Kontext erläutert, die folgenden Teile sind konkreten Arbeitshilfen gewidmet.

Termini

Die geneigte Leserin möge es mir nachsehen, dass ich der besseren Lesbarkeit wegen „Schüler" dem Begriff SchülerInnen gleichsetze. Mit dem Begriff „Schüler" sind Haupt- und Mittelschüler gemeint.

---

* Die Erwerbsquote bezeichnet den Anteil der Erwerbspersonen (Erwerbstätige plus Erwerbslose) an der Wohnbevölkerung.

1. Das gesellschaftliche Thema

Ausgangslage

Der Unterstützungsbedarf grob geschätzt: Von rund 950 000 Hauptschülern in 2008 bundesweit verteilt auf ca. 5 000 Schulen, von denen sich etwa 150 000 in der 9. Klasse befinden dürften, sind wohl mindestens ein Drittel, also 50 000, unterstützungsbedürftig, wenn ich die Erfahrungen aus meinem Umfeld zugrunde lege.[1]

Dabei geht es nicht nur um Migranten, auch deutschstämmige Kinder zählten in unserem Projekt knapp zur Hälfte zu den Betreuten. Auch sie müssen hereingeholt werden, herein in unsere Leistungsgesellschaft. Sie müssen das Gefühl bekommen, ohne Wenn und Aber dazu zu gehören. Hartz IV ist doch kein Lebensziel.

Die Migrantenthematik ist sehr alt:Am 18. August 1978 brachte die Süddeutsche Zeitung einen Artikel mit der Überschrift „Sprachbarrieren verhindern Schulerfolg". Dort wurde ausführlich und erschöpfend über die Kulturbarrieren, die Barrieren unterschiedlicher Lebensstile der Migranten mit Blick auf Deutschland, und über das daraus folgende Sprachproblem berichtet, das den Lernerfolg schon damals immens behinderte.

Die bedrückenden Befunde von 1978 haben leider heute noch weitgehend Gültigkeit. Ein junger Türke, hier geboren, den ich betreut habe, sagte mir, er sei nun nach der Ausbildung übernommen worden. Er wolle sich beruflich weiterentwickeln, aber er stelle immer wieder fest, dass dafür sein zu geringes Sprachvermögen eine Barriere sei.

Sprache: Eine Unterhaltung unter Jugendlichen mit Migrationshintergrund im Erkan & Stefan-Stil mag sich in unseren Ohren zwar flüssig und lustig anhören, ist aber leider weit davon entfernt, als Beweis für ein tieferes Sprachverständnis gelten zu können, die primäre Voraussetzung für den Eintritt in anspruchsvollere Ausbildungsberufe!

Da dieses Problem bisher praktisch ohne Lobby ist, hat sich natürlich kaum ein Fortschritt gezeigt. Hier muss die Gesellschaft Unterstützungsbereitschaft zeigen.

Familien, die hierher kommen, weil sie hier schlicht mehr Perspektiven vor allem für ihre Kinder sehen, müssen es diesen ermöglichen und sie dabei unterstützen, sich viel entschiedener als bisher zu integrieren. Und das heißt, sich konsequent für diese Gesellschaft und ihre Sprache zu entscheiden. Meinungen, z. B. Türken der ersten oder zweiten hier geborenen Generation müssten zunächst gut türkisch sprechen, bevor sie sich an das Deutsche

---

[1] Basisdaten: Deutsches Jugendinstitut, Dr. Frank Braun/Dr. Tilly Lex, Online/Stand: 1. Juli 2007

Ausgangslage

machen, ist nach meinen Beobachtungen ein unpraktikabler, kontraproduktiver Weg. Wer wollte das finanzieren und wie lange würde das mit den zwei Sprachen dauern? Hat man vergessen, dass die Kinder, um nicht benachteiligt zu werden, bereits mit sechs Jahren sehr gut deutsch sprechen müssen? Sprache bedeutet, Beziehungsfähigkeit aufzubauen und ist damit die primäre Voraussetzung für Entfaltungsmöglichkeit, so der Göttinger Neurobiologe Prof. Hüther. Diener zweier Herren zu sein, erscheint auch hier als eine schier unlösbare Herausforderung.

Bis eine etwas geänderte Bildungspolitik, die sich nun zart andeutet, Früchte tragen kann, vergehen sicher noch zehn Jahre. Coachingprogramme wie jenes in Germering sind in dieser Zeit unverzichtbare Lebenshilfen für diese jungen Leute – und eine Entlastung für die Sozialkassen.

Heute, 30 Jahre nach jenem Artikel in der *Süddeutschen Zeitung*, beginnt man das Thema etwas ernster zu nehmen. Vielleicht helfen ja auch diese Zeilen mit, der Hauptschule mehr Geldmittel zuzuführen. Die Hauptschule nur umzubenennen in Mittelschule ist m. E. keine Lösung. Wir sprechen über politische Prioritäten, da müssen Politiker handeln und die Wählerschaft muss sie natürlich auch für solches Handeln belohnen.

Coaching wird vor allem dann erfolgreich sein, wenn die Eltern mitmachen und Interesse am Fortkommen der Kinder zeigen. Das ist eine zentrale Erfahrung. Dieses Interesse fehlt leider öfters. Es sollte diese Elternverantwortung deutlich klarer in die öffentliche Diskussion gebracht werden. Die Eltern sind der primäre Schlüssel zu einem gedeihlichen Aufwachsen der Kinder, nicht die Schule. Wenn die Eltern diese Verantwortung nicht leben oder es manchmal nicht können, dann benachteiligen sie ihre Kinder. Das passiert, und eine Form der Unterstützung ist dann Coaching.

Dass manche Eltern dieses Unterstützungsangebot der Stadt nicht aufgreifen, ist unverständlich.

Warum bin ich Coach? Da gibt es einen Strauß von Motiven: Das wichtigste Motiv ist der Wunsch, das eigene Coaching-Konzept erfolgreich zu sehen, also einem jungen Menschen tatsächlich eine Brücke zum Ausbildungsplatz gebaut zu haben und damit in unsere Gesellschaft.

Misserfolge beim Coaching gibt es auch. Aber jene Schüler, die dabei geblieben sind, kamen bisher zu 90 % erfolgreich zu einem Ausbildungsplatz.

Warum muss die Gemeinschaft aktiv werden?

Die Herausforderungen und die Antworten

Aus den nationalen Bildungsberichten   14

Das Programm von Frau Minister Schavan, April 2010   15

Initiativen in Bayern   18

Handlungsbedarf

Aus dem Nationalen Bildungsbericht 2009, Kapitel H3.1, S. 158:

„Nur 40 % der Hauptschüler erreichen im Jahr ihres Hauptschulabschlusses einen Ausbildungsplatz im dualen System." So war die Situation bundesweit.

Das ist eine kleine Katastrophe. Und gar keine gute Note für die Bildungs- und Integrationspolitik sowie für die Funktionsweise des Ausbildungsmarktes.

Allerdings erscheint es mir zu ungenau, Aussagen über Deutschland generell zu machen. Konkrete Befunde können nur regional sein. Erst die Erhebung der länderspezifischen Situation, wie Wirtschaftsstruktur, Ausbildungsplatzangebot, Anreize aus Transferleistungen, Kosten des Wohnens, liefert ein relevantes Bild und damit Ansatzpunkte für spezifische Lösungsansätze. Unter diesem Gesichtspunkt ist beispielsweise Berlin mit München gar nicht zu vergleichen.

Bayern hat wegen seiner gesunden Wirtschaftsstruktur bessere Voraussetzungen als der Bund im Durchschnitt, aber auch hier ist Handeln angesagt.

Definition: Übergangssystem

Im ersten Nationalen Bildungsbericht (Konsortium Bildungsberichterstattung 2006) wurden außerschulische Maßnahmen und schulische Bildungsgänge, die zu keinem qualifizierten Berufsabschluss führen, in einem „Übergangssystem" zusammengefasst. Hierzu wurden gerechnet:[2]

1. das schulische Berufsgrundbildungsjahr (BGJ), soweit es nicht als erstes Ausbildungsjahr anerkannt wird
2. die Berufsfachschulen, die keinen beruflichen Abschluss vermitteln
3. die Berufsschüler ohne Ausbildungsvertrag
4. die berufsvorbereitenden Bildungsmaßnahmen der Bundesagentur für Arbeit
5. sonstige Bildungsgänge, wie zum Beispiel Lehrgänge der Arbeitsverwaltung sowie Fördermaßnahmen der Berufsausbildung Benachteiligter, sofern sie nicht im Rahmen des dualen Systems stattfinden
6. das bis 2003 durchgeführte Jugendsofortprogramm

---

[2] http://www.good-practice.de

Handlungsbedarf

Das Bundesministerium für Bildung und Forschung setzt ein Zeichen

Wie aktuell das Thema Unterstützung für junge Leute auf den Weg in den Beruf und damit in die Gesellschaft ist, unterstreicht die jüngste Initiative von Frau Ministerin Annette Schavan. Meine Prognose: Ohne massives ehrenamtliches Engagement wird das nicht zu machen sein.

Zitat aus:

28.04.2010 [Pressemitteilung 067/2010]

Annette Schavan: „Jeder Jugendliche bekommt eine faire Chance"

Neues BMBF-Programm soll 60.000 Schüler auf dem Weg in die Ausbildung unterstützen *(das sind allerdings nur ca. 10 % der Schüler ab und inklusive der 7. Klasse JR).*

„Jeder Jugendliche hat zum Beginn seines Arbeitslebens eine faire Chance verdient. Aus diesem Grund werden wir die vielfältigen Initiativen, die Jugendliche in Ausbildung bringen, effektiver gestalten und intensivieren", sagte Bundesbildungsministerin Annette Schavan am Mittwoch in Berlin bei der Vorstellung des Berufsbildungsberichtes 2010. So richtet sich ein neues Programm des Bundesministeriums für Bildung und Forschung (BMBF) speziell an Hauptschüler ab der 7. Klasse. „Wir wollen für diese Jugendlichen betreuende Bildungsketten schaffen – startend mit einer individuellen Potenzialanalyse in der 7. Klasse über den Ausbau gezielter Berufsorientierung bis hinein in die Berufsausbildung", sagte Frau Schavan.

Für das Programm werden in Zusammenarbeit mit der Bundesagentur für Arbeit bundesweit 3200 haupt- und ehrenamtliche Berufseinstiegsbegleiter eingesetzt, die bis zu 60.000 Hauptschülern eine ganzheitliche und mehrjährige, kontinuierliche Betreuung ermöglichen sollen.

„Wir werden das Potenzial dieser jungen Menschen fördern und entfalten", betonte die Ministerin. Das Berufsorientierungsprogramm des BMBF, das seit 2008 bereits 82.000 Jugendliche erreicht hat und ihnen geholfen hat, den Weg in die richtige Ausbildung zu finden, wird als Bestandteil der neuen Initiative „Bildungsketten" fortgesetzt.

Handlungsbedarf

Aus dem Berufsbildungsbericht 2010…

Prognose für das Jahr 2010

Das Ausbildungsjahr 2010 wird noch einmal eine besondere Herausforderung sein. Das Bundesinstitut für Berufsbildung geht in seinen Prognosen von einem Rückgang auf 563.000 Ausbildungsangebote aus. Das wären 20.200 Angebote weniger als im Jahr 2009 (minus 3,5 Prozent). Da aber auch die Nachfrage nach Ausbildungsplätzen weiter zurückgehen wird, wird sich die Ausbildungsmarktsituation statistisch für die Jugendlichen voraussichtlich nicht verschlechtern.

Dennoch wird immer offensichtlicher: Während in einigen Regionen infolge des demographischen Wandels Bewerbermangel herrscht, gestaltet sich für viele Jugendliche der Einstieg in die Ausbildung durchaus schwierig. Dies gilt besonders für Jugendliche mit erhöhtem Qualifikationsbedarf. Umso wichtiger ist es, dass die Unternehmen nicht in ihrem Ausbildungsengagement nachlassen. Die Bundesregierung wird daher gemeinsam mit den Partnern den Nationalen Ausbildungspakt zur Sicherung eines ausreichenden betrieblichen Ausbildungsplatzangebots auch über das Jahr 2010 hinaus fortsetzen **und den Pakt zugleich verstärkt für neue Zielgruppen (z. B. Migranten, Altbewerber) öffnen – auch um den Fachkräftenachwuchs für Deutschland zu sichern.**

„Es gibt nichts Gutes außer man tut es", bemerkte schon treffend Erich Kästner. In diesem Sinne betreuen viele ehrenamtliche Paten bzw. Coachs Hauptschüler in Bayern.

Unterstützungsbedürftige Schüler sind – ohne große Sozialstudien bemühen zu müssen – aus unterschiedlichen Gründen nicht auf der Erfolgsspur. Beispielhaft seien genannt: die ganz normale Faulheit, also die nicht ausgebildete Fähigkeit, für sich selbst Ziele zu entwickeln und darauf hinzuarbeiten. Die fehlende Einsicht der Eltern in die Bildungsnotwendigkeit und damit die Vernachlässigung ihrer Pflicht auf diesen lebenswichtigen Punkt hinzuwirken. Aber auch Zeitmangel, vor allem bei Alleinerziehenden. Das allgegenwärtige Sprachproblem, vor allem bei Kindern mit Migrationshintergrund, wurde schon angesprochen. Und das Defizit an Zuwendung in der Schule. Hier hilft Coaching.

Handlungsbedarf

Unterstützung für Schüler in Bayern 2009, eine Abschätzung

Gemäß einer sehr interessanten Broschüre des Diözesanrates der Katholiken des Bistums München und Freising 2007, „Ausbildungspatenschaften in Bayern", ergänzt um weitere Initiativen, von denen ich Kenntnis erlangt habe, dürften ca. 50 – 60 Coaching- und Patenschaftsprojekte zur Zeit aktiv in Bayern betrieben werden. Diese Initiativen dürften heute ca. 2500 Jugendliche betreuen.

Die Zahl der Hauptschüler allein in der 8. und 9. Jahrgangsstufe beträgt in Bayern nach neuester Statistik des Bundesamts für Statistik, Fachserie 11, Reihe 1, Tabelle 3.4, 94.000 Schüler. Gehen wir davon aus, dass 30 % der Schüler Unterstützungsbedarf haben, so aus meiner Kenntnis verschiedener Coachingprojekte, dann wären das 28.000 Schüler und Schülerinnen.

Hauptschüler, 8. und 9. Klasse, Bayern 2008/09
Prämisse: 30 % der Hauptschüler benötigten Unterstützung

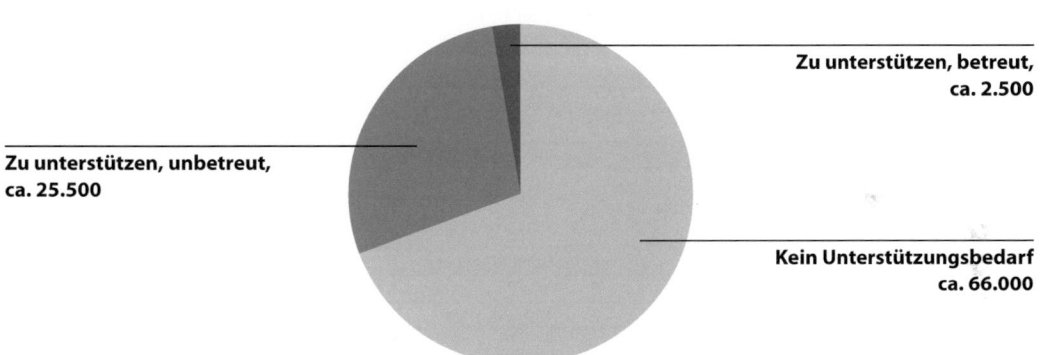

Der Bedarf an weiterer Unterstützungsleistung ist sehr klar zu erkennen, vorsichtig geschätzt, ca. 25 000 Schüler in Bayern benötigten noch Hilfe.

Im Schuljahr 2008/2009 waren laut dem Bayerischen Staatsministerium für Unterricht und Kultus 21.000 Hauptschüler ohne Ausbildungsvertrag.

Handlungsbedarf

Die bekannten Patenschafts- und Coaching-Initiativen in Bayern
Mindestens 50 Initiativen helfen zur Zeit ca 2 500 Schülern.

Status 2007, Ergänzungen 05 2010	Primäre Zielgruppe	Träger privat	Träger kirchlich	Träger öffentlich
Augsburg-Ost	Arbeitslose <25			1
Augsburg Hochzoll	7.-9. Klasse			1
Augsburg Pfersee	8.-9. Klasse			1
Bayern Süd (Rotarier)	8.-9. Klasse	1		
Bayern – Wirtschaftsjunioren in 10 bay. Kreisen	8. Klasse	1		
Bayern für Zuwanderer aus der ex SU	Aussiedler <25			1
Berchtesgaden, Wegeprojekt	ASLG II Jugendliche		1	
Berchtesgadnerland Initiative Dekane	Schulabgänger o. ABP		1	
Buch am Erlbach	8. Klasse		1	
Freilassing, Jugendliche ohne Lehrstelle	9. Kl./Jugendl. o. ABP			1
Freising Connect4U (agenda 21)	8.&9. Klasse HS		1	1
Gars/Inn Lehrstellenbörse	8.&9. Klasse HS			1
Geretsried	8.&9. Klasse HS			1
Germering	8.&9. Klasse HS	1		
Gilching, Initiative Fiedler	9. Klasse HS	1		
Gröbenzell	8.&9. Klasse HS			1
Herrsching	8.&9. Klasse HS	1		
Holzkirchen Schüler Patenprojekt	8.&9. Klasse HS		1	
Ismaning Lehrstellenbörse	9. Klasse HS	1		
Memmingen, Schülerpatenprojekt	8.&9. Klasse HS	1	1	1
Miesbach, JugendPerspektiveArbeit	8.&9. Klasse HS	1		1
Mühldorf Lkr. Berufspatenprojekt (5 Hauptschulen)	8.&9. Klasse HS			1
München, Diözese	Benachteiligte		1	
München, Job-Mentoring in 6 Stadtteilen	9. Klasse HS			1
München Giesing, Mädchen Treff	9. Klasse HS/BVJ	1		
München Neuaubing, Sprungbrett zum Job	8.&9. Klasse HS	1		
München Neuaubing, Patenproj. Wirtschaftsjunioren	9. Klasse HS	1		
Murnau				
Nürnberg Nord-Ost	8.&9. Klasse HS		1	1
Nürnberg Job-Reif	8.&9. Klasse HS	1		1
defacto. Stiftung Region Nürnberg E. Schuster	8.&9. Klasse HS	1		
Stiftung „Der Schülercoach" Held et. al., Reg. Nürnberg	7.-9. Klasse HS	1		
Olching	8.&9. Klasse HS	1		
Penzberg Berufspaten	8.&9. Klasse HS			1
Rosenheim, Kids on Job	JoA	1	1	1
Rosenheim, Quali-Paten	8.&9. Klasse HS, ben.	1		
Rosenheim, Jugend und Arbeit	8.&9. Klasse HS			1
Traunstein JoA	JoA		1	
Wasserburg Patenprojekt Berfusausbildung	9. Klasse HS	1		
Weilheim Schongau coaching für Benachteiligte	7.-9. Klasse HS			
Wolfratshausen	9. Klasse HS	1		
Würzburg, SymPaten	9. Klasse HS & 1. ABJ	1	1	
Summe		**19**	**10**	**18**

Quelle: Ausbildungspatenschaften, Dokumentation
der Erzdiözese München und Freising 2007
Auswertung und Ergänzung J. Rauter 2010

JoA = Jugendliche ohne Ausbildung
ABP = Ausbildungsplatz

Handlungsbedarf

Die Herausforderung auf der Ebene des Schülers

Warum haben so viele Auszubildende Probleme?

Warum Hauptschüler bei der Suche nach einem Ausbildungsplatz Misserfolge haben, erläuterte die *Süddeutsche Zeitung*[3] recht treffend.

¼ aller Azubis brechen ab, weil sie …
1. falsche Vorstellungen vom Berufsbild haben
2. nicht begreifen wollen, dass man Kenntnisse auch für eine mittlere Laufbahn zunächst an der Basis eines Berufsbildes sammeln muss

Ich darf hinzufügen, weil sie …
3. Durchhaltevermögen nicht gelernt haben
4. ungenügend unterstützt wurden, eigene Stärken und Schwächen richtig einzuschätzen und richtig darzustellen

Manche Bewerber werden nicht angenommen, weil sie …
- das Handy während des Bewerbungsgesprächs bedienen (Benehmen)
- drei Wochen Urlaub für unzumutbar halten (Einstellung)
- als Koch abends nicht arbeiten wollen, weil Partys wichtiger sind (Einstellung)
- als Verkäufer(innen) das Grüßen nicht beherrschen (Benehmen)
- grundlegende Umgangsformen nicht beherrschen (Benehmen)
- unpünktlich sind (Pünktlichkeit)
- das miteinander Arbeiten für ein Ergebnis nicht können (Teamfähigkeit)
- die Leistung verweigern (Einstellung)
- sich mit den Regeln/Erwartungen der Firmen nicht befassen (Einstellung)
- ihnen die Beharrlichkeit, das Mehr-als-die-Pflicht-tun fehlt (Einstellung)

Ich darf hinzufügen, weil sie …
- die Benotung bereits ab der 8. Klasse nicht besonders ernst genommen haben, und der Trend der Noten negativ war, ohne dass Eltern mit einer gewissen Bildungsaspiration ihnen zur Seite gestanden wären
- viel zu spät mit der Bewerbung begonnen haben und die Auswahl an Ausbildungsplätzen entsprechend kleiner wurde
- rein formal schlechte Bewerbungsunterlagen abgeliefert haben
- nicht in der Lage waren, ihre Fähigkeiten und Leistungen zu erkennen und richtig zu präsentieren, also die Bewerbung inhaltlich einfach dünn und unattraktiv war
- deutliche Nachteile in der Sprachgewandtheit und in der Kommunikationsfähigkeit hatten

[3] **Situationsbild Ausbildung 2004**, SZ vom 24.10.2005, Autorin: Jutta Pilgram

Handlungsbedarf

Diese Mängelliste zeigt zugleich perfekt das Aufgabenprogramm eines Coachs.

Aber es bleibt die zentrale frohe Botschaft: Diese Dinge kann j e d e r lernen, all diese Dinge sind für jeden, dem die Gesellschaft eine Ausbildung bezahlt, z u m u t b a r !

Eine Rektorin sagte mir, dass die Angst vor dem Scheitern mit einer Bewerbung oft erheblich sei. Deshalb sollte der Coach dem Thema Selbstvertrauen ganz besondere Aufmerksamkeit schenken. Die Stärkung des Selbstbewusstseins ist ein zentrale Aufgabe des Coachings.

Das Schuljahr 2009/2010 in Germering, ein Quantifizierungsbeispiel

Die Tatsache, dass bei Zeugnisverteilung Ende Juli 2009 rund 50 % der Hauptschulabgänger weder einen Ausbildungsplatz, noch den Fahrschein für die weiterführende Schule in der Tasche hatten, zeigt den Unterstützungsbedarf.

Diese Situation am Schuljahresende ist nicht neu. Trotzdem hält sich die Beteiligung am Coaching-Angebot in Grenzen. Knapp 20 % der Schüler haben das Unterstützungsangebot Coaching wahrgenommen, für weitere 40 % wäre es sicher sehr sinnvoll gewesen.

Die Situation in Germering, Juli 2009

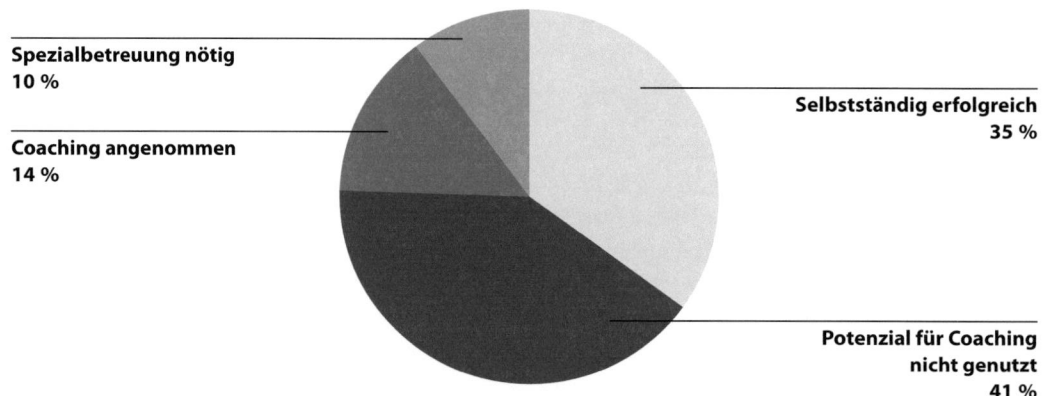

Beispiel Germering 2009
Potenzial für Coaching HauptschülerInnen (9. Klasse)

- Spezialbetreuung nötig 10 %
- Coaching angenommen 14 %
- Selbstständig erfolgreich 35 %
- Potenzial für Coaching nicht genutzt 41 %

Bis zu Beginn des Schuljahrs 09/10 hatte dann ein Großteil der Schüler doch einen Ausbildungsplatz gefunden.

Quelle: e-Mail-Auskunft der Germeringer Schulen
Prozentsatz Spezialbetreuung: Schätzung des Autors

Handlungsbedarf

Beispiel erfolgreichen Coachings im Schuljahr 08/09

Das Coaching-Projekt in Gröbenzell entwickelte sich auf Basis eines Netzwerks im Rahmen des Bundes der Selbstständigen (ehemals „Gewerbeverband"), das die Unternehmerin Sigrid Wittlieb ins Leben gerufen hatte und für das sie den treibenden Motor abgibt.

Wie es auch sein könnte und welche Ziele erreichbar sind, zeigt Gröbenzell (19 000 Einwohner, 20–25 Schüler in der 9. Klasse Hauptschule) im Jahr 2009:

- 85 % der Schüler haben den Qualifizierenden Hauptschulabschluss („Quali") erreicht, das ist Spitze in Bayern
- 26 Coachs für ca. 23 Schüler stehen zur Verfügung

Alle Schüler hatten bei Schulende einen Ausbildungsplatz oder eine Berechtigung für eine weiterführende Schule. Solche Erfolge lassen sich aber nicht beliebig reproduzieren.

Die Rezepte:
Alle Schüler der 9. Klasse hatten einen Coach. Das bedeutet, die Familien wurden erreicht und konnten überzeugt werden. Und der Weg in die Familien führte über das besonders gute Verhältnis der Coachs zur Schule.

Nicht zuletzt über Werbung im Bekanntenkreis fanden sich besonders viele und engagierte Coachs. Die meisten mit anspruchsvollen Berufen in ihrer aktiven Zeit. Frau Wittlieb unterstreicht, wie wichtig die Qualität der Coachs ist, und dass auch nicht jeder, der sich meldet, schon deshalb zum Zuge kommt.

Wollen Schüler Spielregeln des Coachings nicht einhalten, wird das Coachingverhältnis auch in Gröbenzell beendet, das ist kein Kuschelkurs.

Das Betreuungsprojekt durch Coaches setzt bereits in der 8. Klasse an. Das scheint mir ein besonders wichtiger Punkt, will man nachhaltige Notenverbesserung erreichen. Des Weiteren ist das Erreichen des Quali ein erklärtes Ziel des Coachings, nicht nur der Ausbildungsvertrag.

Eine der wichtigsten Voraussetzungen für den Erfolg von Coachingprojekten besteht darin, dass sich die Schulen, Rektoren und Lehrer ohne Vorbehalt beteiligen.

Quelle: FFB Süddeutsche Zeitung vom 26.10.09 und ein persönliches Interview mit Frau Wittlieb vom 04.11.2009

Aufgabenspektrum Coaching

Worauf sich Coaching konzentrieren kann

In der Regel versucht man, 2 – 4 Aufgaben zu erfüllen, es gibt aber auch Initiativen, die alle 12 Themen anpacken.

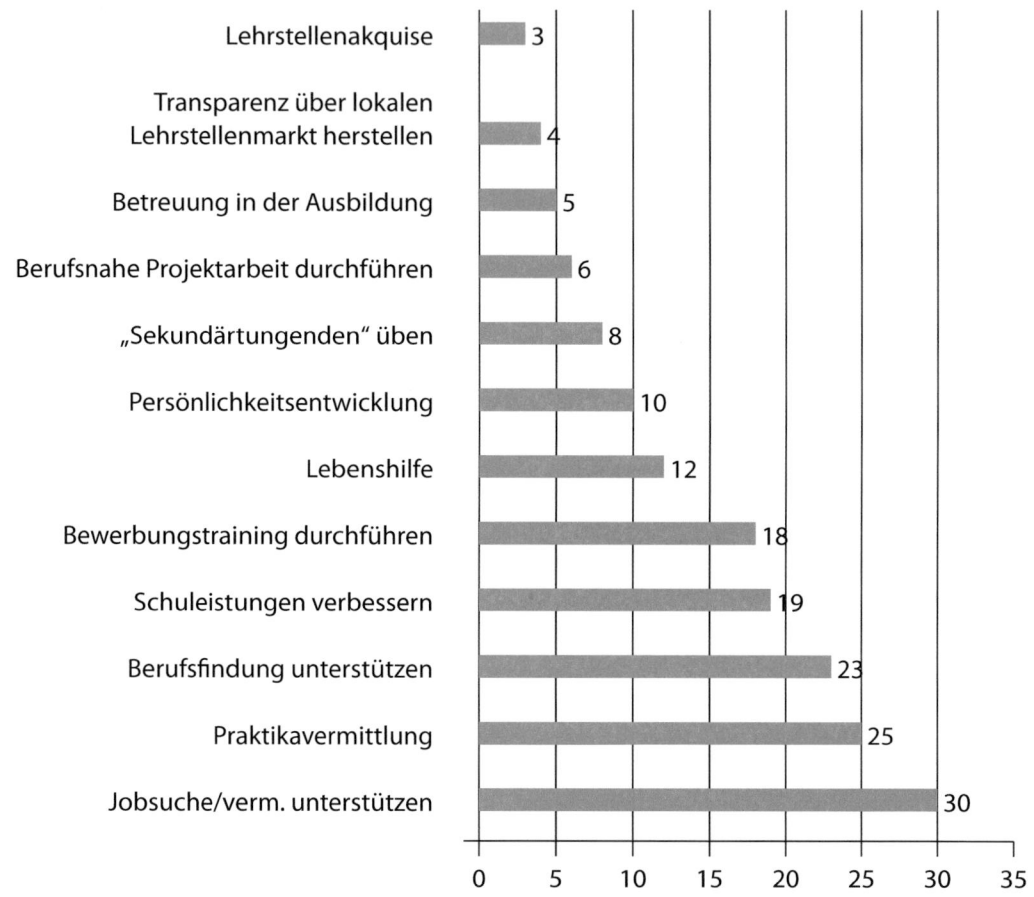

Quelle: Auswertung der mir bekannten 42 Coachingprojekte 2010

Nach meiner Einschätzung wird viel zu wenig getan, um die Transparenz über den lokalen Ausbildungsplatzmarkt herzustellen. Der ist sicher nur zu ca. 50 % in der Datenbank der Bundesanstalt für Arbeit abgebildet.

2. Erfahrungstransfer zur Coachingarbeit

Wie packt man ein solches Vorhaben an?

Überzeugungen	24
Das „Rezept" für die Betreuungsarbeit	25
Wie weit will ich mich als Coach engagieren?	26
Die Rolle des Coachs – Ergänzung	27
Motivation, der Schlüssel zum Erfolg	28
Sieben konkrete Arbeitsziele	31
Die Beteiligten am Gesamtprozess	35

Einstellung zum „Coaching"

Überzeugungen

Wer sich auf das Coaching einlässt, benötigt Grundüberzeugungen.

> „Wenn Du ein Schiff bauen willst, so trommle nicht Männer zusammen, um Holz zu beschaffen, Werkzeuge vorzubereiten, Aufgaben zu vergeben und die Arbeit einzuteilen, sondern lehre die Männer die Sehnsucht nach dem weiten endlosen Meer".
> (Antoine de Saint-Exupéry zugeschrieben, Quelle unklar)

Das ist aus meiner Sicht ein Haupt-Erfolgsfaktor jeder Pädagogik und der Schlüssel, um den Menschen aus eigenem Antrieb in eine Richtung zu bewegen, an die er sich nicht gewagt, bzw. an die er nicht einmal gedacht hat. Die zentrale Aufgabe ist es, das Potenzial des Betreuten zu aktivieren, auch wenn es noch klein erscheint. Zwang ausüben kann der Coach nicht und der Erfolg damit ist generell begrenzt. Nur eigene Ziele und Wünsche können das Potenzial des Schülers entfalten.

Es gibt ähnliche Einsichten aus der Unternehmensführung (G. Simon): „Gute Unternehmer führen ihr Unternehmen heute von einem Standpunkt in der Zukunft heraus, den sie sich geistig geschaffen haben". Dasselbe Prinzip gilt für die Lebensgestaltung eines jeden. Auch für Schüler.

Und Gerhard Matzig in der *Süddeutschen Zeitung* vom 16./17.05.2009 ergänzt: „…nichts braucht ein Kind mehr, als das Vertrauen in die eigenen Fähigkeiten…"

Eine weitere Überzeugung ist, dass Grundsätze des Zeitmanagements aus der Wirtschaft großen Nutzen für das Schülerleben stiften können.

Auch dem Kernsatz von Professor Bauer kann ich vorbehaltlos zustimmen: „Entscheidende Voraussetzung für die biologische Funktionstüchtigkeit unserer Motivationssysteme sind das Interesse, die soziale Anerkennung und die persönliche Wertschätzung, die einem Menschen von anderen entgegengebracht werden".
Seinen Pädagogikbegriff beschreibt J. Bauer als eine „Balance zwischen verstehender Zuwendung und Führung".

Vera Birkenbihl, in ihrem Managementseminar am 17.6.2010 in München: Eine zukunftssichere Pädagogik muss erreichen, dass der Schüler etwas wissen will, er also seine Talente entwickelt (Aufgabe der präfrontalen Kortex). Das ausschließlich extrinsisch gesteuerte Lernen auf Noten hin wird nicht die zukunftssichere Lösung sein.

Das „Rezept" des Coachings heißt vor allem:
Gesunder Menschenverstand, Berufs- und Lebenserfahrung

Das Rezept für das Coaching ist im Grunde simpel:
Schaffe Vertrauen zu dem Betreuten, sprich zunächst über sein Leben, seine Wünsche, Hobbys und Schwierigkeiten, gib nicht den Super-Lehrer, sondern den, der einen Weg erfolgreich gegangen ist.

Gib Zeit, Aufmerksamkeit und damit Zuwendung sowie Lebenserfahrung. Mehr Aufmerksamkeit kann schon Wunder vollbringen. Strahle im persönlichen Umgang Autorität aus, aber sei nicht autoritär; sei partnerschaftlich, aber nicht kumpelhaft. Eine gute Basis für erfolgreiche Arbeit ist die Lebenserfahrung als Elternteil oder auch die Erfahrung aus der eigenen Arbeitswelt, so sie Einblicke in den Mechanismus der Wirtschaft gewährt hat. Natürlich muss man auch Spaß daran haben, sich etwas auf Pädagogik einzulassen. Und eine hohe Erfolgsquote belohnt ja auch. Allerdings muss man bereit sein, es geduldig hinzunehmen, wenn der/die Betreute sich nicht auf das Vorgeschlagene einlassen will.

Vertraulichkeit: Es gilt für den Coach, alle Informationen aus dem Coaching vertraulich zu behandeln.

Schwieriger ist es, das Arbeiten auf Ziele hin einzuüben und Ordnung in den Tag zu bringen. Das ist für mich ein zentraler Punkt, auch wenn er mir nur in Ansätzen gelingen sollte.

Coaching ist vor allem eine anspruchsvolle Führungsaufgabe, das sollten jene bedenken, die meinen, das sei ein anspruchsloser Zeitvertreib. Niemand ist dafür überqualifiziert. Auch das haben wir schon erfahren. Wir wünschen uns sehr, dass sich viel mehr dieser anspruchsvollen Herausforderung stellen und damit dazu beitragen, 85 % der Hauptschüler zum Quali und 100 % in die Ausbildung zu bringen.

Einstellung zum „Coaching"

Wie weit will ich mich als Coach engagieren?

	Lagebestimmung Herbst	**Programme** Oktober bis Dezember	**Programme** Ab Zwischenzeugnis im Februar
Ausbildungs-platz	Neigungen, Stärken Artikulierter Berufswunsch Lebenszieldiskussion Frage: Worauf warst du bisher besonders stolz? Sportliche Aktivitäten Selbstvertrauen?	**Berufsfindung** Prüfung an Neigungen Auswahl von drei realistischen Berufsalternativen und Priorität Praktikumszeugnisse beschaffen Schülerleistungen jenseits der Noten **Arbeitsmethodik, Kalender** Das Erlebnis: „ist erledigt!" Permanenter E-Mail-Kontakt **Bei akzeptablen Noten:** Beginn der Ausbildungsplatzsuche	Ausbildungsplatzsuche Wo ist der Quali ein Muss? Datenbank-Recherche Fundus Stadt Eigene Quellen der Vorjahre Firmenanalyse Bewerbungsunterlagen versenden Kontaktverfolgung Vorbereitung auf Bewerbungsgespräche Analyse der Ablehnungen
Schule	Noten Ende der 8. Klasse Bewertungen durch den Klassenlehrer Quali möglich? Verbesserungspotenziale? Selbstvertrauen?	Ziele für Noten (Quali!!) festlegen **Arbeit systematisieren** **Noten verfolgen** Hilfe organisieren? Erfolge hervorheben! Permanenter E-Mail-Kontakt	Arbeit systematisieren Noten verfolgen Hilfe organisieren? Erfolge hervorheben! Permanenter E-Mail-Kontakt
Familie	Besuch Bildungsaspiration Eltern Ruhe und Konzentration möglich? Internet/Computer, E-Mail? Info über Coaching, Flyer Finanzieller Spielraum? Sprachliche Situation?	Punktuelle Unterstützung Oder: Solche anfordern	

Der Zeitbedarf des Coachs: Über das Jahr gesehen genügen etwa 2 Stunden pro Woche und ein Anruf in der Mitte der Woche.

Der Ausstieg ist kein Tabu: Wer sich dreimal nicht an die Termine oder Vereinbarungen hält, wird aus dem Coaching entlassen.

Programm „Coaching"

Der Kurzüberblick „Coaching" zeigt die drei Ebenen, auf denen man sich bewegen kann: Die Ebene der Bewerbung, die Ebene der Schule und die Ebene der Familie und des sozialen Umfelds. Es gibt Coachs, die auf Grund ihrer Erfahrung auf allen drei Ebenen wirken können.

Primär wird der Coach auf der Ebene „Bewerbung", also bei Berufsbildsuche, Firmen-/Ausbildungsplatzsuche, Bewerbungsunterlagen, Vorbereitung auf das Bewerbungsgespräch und Kontaktverfolgung aktiv. Aber oft kommt er nicht umhin, die zweite Ebene „Schule" irgendwie mit zu betreuen, angesichts der Tatsache, dass der Quali oder zumindest ein positiver Notentrend von nennenswerter Bedeutung für die Ausbildungsplatzchancen sind.

Die Rolle des Coachs: Ergänzung

Neben Eltern und Lehrern oder auch der Bundesagentur für Arbeit ist die Rolle der Coachs einfach das Mehr an Zeit, an Aufmerksamkeit und damit Zuwendung, das er aufbringen kann. Was für den „normalen" Schüler ausreicht, ist für jenen, der aus welchen Gründen auch immer kein Selbstläufer ist, eben nicht ausreichend. Der Coach hat den Zeit- und Zuwendungsmangel auszugleichen, soll sich etwas zum Besseren wenden.

Ergänzung heißt auch, nicht den Schulbetrieb umkrempeln und den Job der Lehrer machen wollen. Ein respektvoller gegenseitiger Umgang miteinander ist geboten. Es darf nicht so weit kommen, dass Schüler den Coach im Unterricht als „Kronzeugen" gegen die Anforderung der Lehrer benennen und ihn für ihren Unwillen etwas zu akzeptieren, missbrauchen kann.

Allerdings muss zwischen Lehrern und Coachs ein offenes Verhältnis gegeben sein, so dass der notwendige Informationsaustausch zum Nutzen der betreuten Schüler problemlos funktionieren kann.

Motivation im Coaching

Motivation, der eigentliche Schlüssel zum Erfolg

Nach fünf Jahren Erfahrung ist meine Überzeugung noch stärker: Der Schlüssel zum Erfolg ist die Motivation. Daher will ich diesem Thema ein Kapitel widmen, in dem die Kerngedanken von Professor Bauer, Freiburg, der auf die neuesten Erkenntnisse der Neurobiologie zurückgreift, vorgestellt werden.

Die Basis ist: J. Bauers Buch „Lob der Schule", 2007, ein m. E. unglücklicher Titel, geht es darin doch weit mehr darum, aus seiner Sicht, aufzuzeigen, wie ein guter Schulbetrieb aus neurobiologischer und psychotherapeutischer Sicht unter Beteiligung aller betroffenen Parteien zu gestalten wäre. Prof. Dr. med. Joachim Bauer, Freiburg, ist Neurobiologe, Arzt und Psychotherapeut, Facharzt für Innere Medizin, Arzt für Psychosomatische Medizin und Arzt für Psychiatrie und Psychotherapie.

Keine Angst: Ich führe keine akademische Diskussion über Schule und Pädagogik, sondern ich möchte der Wissenschaft lediglich einen kleinen Kompass abringen, der für die praktische Arbeit des Coachs hilfreich sein kann.

Bauers Überzeugung ist, wer in Schülern Motivation und Lust am Lernen wecken will, muss eine Beziehung mit ihnen aufbauen und gestalten können. Und dies gilt vor allem für Eltern und Lehrer, aber auch für jene, die er „Mentoren" nennt und die wir als Coachs bezeichnen. Der Coach hat, da er von den genannten Personen die geringste Zeit mit dem Schüler verbringt, scheinbar den kleinsten Hebel. Da er jedoch nicht zu den klassischen Konfliktpartnern gehört, die im negativen Fall eben auch die Genannten sind, hat er einen Vorteil. Die hier formulierten Grundsätze können gut helfen, dass auch der Coach seine Beziehung zum Betreuten nutzbringend gestalten kann.

Bauer zeigt auf, wie Psychologie zu Biologie wird. Basis für seine Argumentation ist die erst wenige Jahre zurückliegende Entdeckung der neurobiologischen Zentren, die für Lebenswillen, Energie, Motivation und Lust an Leistung verantwortlich sind. Erkenntnis: Äußere Eindrücke können die für die Motivation entscheidenden Botenstoffe aktivieren, Dopamin (macht Lust, Leistung zu zeigen), Opioide (das sind die „Gut-fühl-Botenstoffe") und das Oxytozin (ein Stoff, der es ermöglicht, sich mit anderen zu identifizieren, sich für sie einzusetzen). Daher die wichtige Frage: Was muss geschehen, damit die Motivationssysteme des Gehirns den Körper mit diesen Botenstoffen versorgen?

„Entscheidende Voraussetzung für die biologische Funktionstüchtigkeit unserer Motivationssysteme sind das Interesse, die soziale Anerkennung und die persönliche Wertschätzung, die einem Menschen von anderen entgegengebracht werden" (S. 21/22). Das Gehirn

Die Seitenangaben in diesem Kapitel beziehen sich auf Prof. Bauers Buch

Motivation im Coaching

wandle seelische Eindrücke in biologische Signale. Und ermutigend meint er, dass schon die Aussicht auf Anerkennung und Wertschätzung eine massive Aktivierung der Motivationssysteme herbeiführe.

Und nun kommt die ganz entscheidende Aussage, woher denn Anerkennung und Wertschätzung für die Jugendlichen kommen können: Das sei klar, meint er, „sie erhalten sie (besser: müssten sie erhalten JR) im Rahmen zuverlässiger persönlicher Beziehungen zu ihren Bezugspersonen, in der Regel also zu Eltern oder anderen engen Angehörigen, aber auch zu Lehrern und anderen Mentoren". Also z. B. zu Coachs. Kinder benötigten, um diese neurobiologischen Prozesse im Hirn anzufeuern, verbindliche Beziehungen.

Verhaltensänderung erfordere natürlich auch Belohnung. Und daher ist es wichtig zu honorieren und auch im Coachingverhältnis vorzuleben, was lebensentscheidend ist: Begeisterungsfähigkeit, Kreativität, Pfiffigkeit, Hilfsbereitschaft, Fleiß, Durchhaltevermögen… Und er verstärkt diese Thesen nochmals ausdrücklich und daher ein direktes Zitat von S. 130: „Kinder und Jugendliche brauchen Bezugspersonen, nicht nur um von ihnen gefordert zu werden und sich an ihnen als Vorbilder zu orientieren, sondern auch um von ihnen eine Vision von der eigenen Entwicklung und den eigenen Potenzialen zurückgespiegelt zu bekommen."

Das Kind müsse sich einordnen können. Es bilde sich fortlaufend in den Köpfen der Kinder ab, was ihre „Erziehungsberechtigten" tun. Die Kinder wiederum registrierten, wie sie in den Köpfen ihrer Umwelt, also ihrer Bezugspersonen wahrgenommen werden. Bauer nennt das „Spiegelsystem". An der Art und Weise, wie Jugendliche wahrgenommen werden, leiten sie für sich ab, wer sie selbst sind und vor allem was sie sein könnten. Sie würden erkennen, worin ihre Potenziale und Entwicklungsmöglichkeiten lägen. Sie lebten sich in den „Korridor der Vorstellungen" und Visionen hinein, die sich die Bezugspersonen von ihnen machen.

Fleißig sein sei kein Vergnügen und wird begleitet von zahlreichen Unlusterlebnissen. Wie überwindet man diese Durststrecken? Druck alleine greift nur kurz. Bauer setzt wiederum auf die „Begleitung" des Jugendlichen durch „Beziehung" in Form von Interesse, Nachfragen, Ansporn, Forderung, sachlicher Kritik, Anteilnahme, Hilfe, Ermutigung (S. 41). Außerdem das, was er „wechselseitige Spiegelung„ nennt. Nur wenn sich der Betreuer (Eltern, Lehrer, Coach) selbst für eine bestimmte Sache und ein bestimmtes Ziel begeistern kann, wird der Funke auf das Kind überspringen. Ein weiteres positives Element sei die Bewegung, die als lustbetont erlebt wird: Sport und Tanz. Diese „Bewegung" dürfe nicht zu kurz kommen, sei sie doch ein Quell für das so dringend benötigte positive Lebensgefühl. Also auch darauf sollte der Coach achten.

Motivation im Coaching

Auch aus seinen Hinweisen zum Auftreten von Lehrkräften vor Schülern kann man für das Coaching lernen (S. 82 ff):

1. Zeigen Sie durch Ihre (auch körperliche) Haltung, dass Sie präsent sind
2. Strahlen Sie Lebensfreude und Freundlichkeit aus
3. Fangen Sie die Unterhaltung nicht mit Blick auf nicht Erledigtes an, sondern fragen Sie zunächst nach positiven Erlebnissen und der Befindlichkeit (Interesse an der Person!)
4. Seien Sie freundlich ohne sich anzubiedern
5. Loben Sie zuerst und üben Sie Ihre Kritik nur streng faktenbezogen
6. „Ich bin sicher Du kannst es schaffen" – bringen Sie die positive Vision nachhaltig zum Ausdruck bringen

Das deutliche Interesse am Jugendlichen und seinem Leben lässt, so Bauer, die Sonne der Motivation scheinen.
Ich darf ergänzen: Das Auge des Herrn macht die Kühe fett (Bauernregel).

Wo persönliche Zuwendung und Förderung von Elternseite nicht erfolgt oder nicht erfolgen kann, müssen komplementäre Angebote eingerichtet werden wie z. B. Mentoren (Coachs).

Ich möchte in diesem Abschnitt auf diesen praktikablen Motivations-Kompass aufmerksam machen, den jeder für sich nutzen kann, egal, ob er auf den Kilimandscharo gehen müsste (Eltern) oder lediglich die Richtung zur nächsten Jausenstation bei Nebel sucht (Coach). Die Gültigkeit dieser Grundsätze kann ich nach all den Erfahrungen, die ich in den letzten Jahren machen durfte, nur bestätigen. Aber es sind keine Patentrezepte mit Erfolgsgarantie, so einfach ist das Leben nun mal nicht. Aber einzelne Misserfolge sind auch kein Beleg für die Fehlerhaftigkeit dieser Grundsätze.

Professor Bauers mahnendes Szenario ist: „Wenn Heranwachsende soziale Verbundenheit nicht in ihrer natürlichen Umgebung finden – bei ihren Angehörigen, im Freundeskreis, in Musikbands, beim Sport, in der Schule, im Verein, dann bleibt ihnen nur die persönliche Isolation oder der Versuch, sich Gruppen anzuschließen, die sich als Gegenentwurf zu einer von ihnen als kalt und unmenschlich erlebten Gesellschaft verstehen (Punk- oder Gothic-Bewegung)".

Zum Abschluss sein Statement zur Notwendigkeit der und Ermutigung für die Coaching Arbeit: „Es könnten geistig fitte, auch ältere Menschen, Schulpatenschaften übernehmen. Solche Initiativen ließen sich an die Schulen andocken".

Er hat wohl von den vielen bereits laufenden Initiativen noch nichts gehört ;-)

Sieben konkrete Arbeitsziele

1. Noten etwas verbessern

Meine Überzeugung: Selbst bei sehr mäßigen Noten ist es ein wichtiger Erfolg, wenn es gelingt, den Trend vom Endzeugnis der 8. Klasse bis zum Zwischenzeugnis der 9. Klasse etwas nach oben zu drehen. Das Königsziel bleibt der Quali (Qualifizierender Hauptschulabschluss). Dieses Testat hilft nämlich außerordentlich bei der Ausbildungsplatzsuche. Der Coach sollte dies – im Rahmen der Begabung der Betreuten – anstreben. Und jene zu ermutigen, die dieses Ziel bereits aufgegeben haben. Ich habe auch Schüler betreut, deren Lehrerdiagnose „kein Quali" lautete und sie haben ihn doch geschafft (Berechnung des Quali siehe Seite 120).

Es mag Schüler geben, deren Intelligenz und Disziplin das Erreichen des Quali ausschließen. Rein gefühlsmäßig denke ich, dass es bei weit mehr Schülern möglich wäre, diesen Abschluss zu erreichen, falls sie die notwendige Unterstützung bekommen würden, wenn schon nicht von den Eltern, dann über Coaching. Die Ganztagsschule, die hier erhebliche Verantwortung übernehmen soll, wird sich daran messen lassen müssen, wie sich das Notenniveau und die soziale Kompetenz der Schüler zum Besseren verändern. Der Coach sollte dafür sorgen, dass Schüler mit Migrationshintergrund auch in der Freizeit genügend Gelegenheit haben, mit Schülern deutscher Muttersprache Kontakte zu pflegen.

2. Leistungen und Potenziale der Hauptschüler sichtbar machen. Aufzeigen, was sie jenseits der Schulnoten wirklich können

Hauptschüler leisten nach meiner Erfahrung deutlich mehr, als in den Zeugnissen steht und auch stehen kann. Andererseits heißt es, sei ihr Selbstwertgefühl unterentwickelt. Mit Geduld und Kreativität gilt es, diese Leistungen des Schülerlebens herauszuarbeiten. Es fällt nicht nur Hauptschülern schwer, auf die Frage zu antworten: „Was hast du bisher Tolles geleistet? Wofür hast du Lob bekommen? Was kannst du besonders gut?" Der geneigte Leser versuche es mal bei sich selbst, er wird staunen, wie schwer das in unserem Kulturkreis fällt.

Positives zu Tage zu fördern – und es gibt viel im Leben dieser Jugendlichen! – hilft sowohl dem schlecht entwickelten Selbstwertgefühl der Schüler auf die Beine und ist zugleich **die** Fundgrube für die Erstellung der Bewerbungsunterlagen. Diese Übung selbst, das Nachdenken und das Niederschreiben dieser Dinge, dient bereits der Stärkung des Vertrauens in die eigenen Fähigkeiten. Für mich ist das ein zentraler Teil der Betreuung.

Wie kann es sein, dass Leistungen wie die folgenden nicht in einem Schülerlebenslauf erscheinen? Perfekte Französischkenntnisse; das Geld für den Führerschein weitgehend

Coaching – sieben Ziele

selbst verdient zu haben; sich als Fußballtrainer für Kinder zu betätigen; der Mut, im Lokal vor den Gästen zu singen; das Organisationstalent, Materialien für einen Bolzplatz zu organisieren; die Verantwortung, viele Stunden zwei kleinere Geschwister zu betreuen. Und dies, nachdem Eltern, die Bundesagentur für Arbeit und die Schule sich beratend zur Seite gestellt hatten. Ich sage: Zeitmangel und manchmal nicht genug Wissen über die Sicht der Wirtschaft. Da können Coachs wirklich helfen.

Hier sei eine kleine Bitte an die Schulen erlaubt: Es nützt gar nichts, wenn man an Betriebe vorgedruckte Praktikumszeugnisse verteilt, auf denen einzig und allein die Anwesenheit bestätigt wird. Wir benötigen qualitative Aussagen und wenn es nur ein Satz wäre. Nur das hilft weiter (siehe Arbeitshilfe „Praktikumszeugnis", S. 93).

3. Sich an eigenen Zielen orientieren

Es ist wichtig, dem Schüler eine neue Sicht seiner Arbeit zu geben. „Wozu sich anstrengen, wenn ich nicht weiß, warum?" So bringt die Motivationstrainerin Vera Birkenbihl die Sache auf den Punkt. Also rede ich ausführlich mit dem Schüler über seine Ziele (siehe S. 73 ff.). Werden Ziele erkennbar und bewusst, gilt es, den Zusammenhang mit dem Einsatz in der Schule deutlich zu machen.

Als Realist weiß ich, dass das für Schüler sehr schwierig ist und damit sind sie wahrlich nicht alleine. Trotzdem halte ich es für äußerst wichtig. Man kann auch ganz gut den Leistungssport, z. B. den Fußball, als Vergleich verwenden. An diesem Beispiel ist sehr schön darzustellen, wie Ziele, Disziplin, Einsatz, Teamgeist, Nutzen der eigenen Möglichkeiten zusammen erst die Kraft ergeben, mit der man in der Tabelle vorwärts kommt.

Ich habe da auch den Spruch gehört: „Was willst du werden?" Antwort: „Hartz IV-Empfänger". Das ist doch alarmierend.

4. Besser mit der eigenen Zeit umgehen und Verlässlichkeit üben

Im Prinzip sollten den Schülern durch die Coachs keine neuen Aufgaben aufgebürdet werden, abgesehen von der Verpflichtung, alle notwendigen Unterlagen beizubringen, Zeit für die Nachhilfe und die Übungen dazu zu reservieren und die eine oder andere Erledigung aus dem Coaching-Prozess selbst, sowie nach Ausbildungsplätzen zu suchen. Zwei Stunden pro Woche beim Coach sind aus der Perspektive eines Hauptschülers schon recht viel, die Schüler haben ja auch Nachmittagsunterricht.

Mehr Struktur in den Schüleralltag zu bringen ist eine sehr wichtige Aufgabe für den Coach, gerade in den letzen Monaten mit den für die Noten entscheidenden Tests. Dazu gehört natürlich ein zumindest rudimentärer Terminplan, eventuell ein Stundenplan für die Zeit außerhalb der Schule, sowie ein Wochenplan, der zu Wochenbeginn erstellt wird (siehe Anlage Wochenplan, S. 88). Die Verpflichtung, über E-Mail ansprechbar zu sein und über Erledigtes regelmäßige Rückmeldungen an den Coach zu geben, gehört wesentlich dazu. Fakt ist: Coaching-Kandidaten haben das in der Regel von niemandem ausreichend beigebracht bekommen. Diese Übungen sollen auch zum selbständigen Arbeiten auf Ziele hin anleiten.

Im Arbeitsprozess des Coachings versuchen wir nebenbei einzuüben, was Ausbildungsplatzgeber immer häufiger – und zu Recht – fordern: **„Wir erwarten selbstverantwortliches/selbstständiges Handeln".**

5. Hinführen zu einem sinnvollen Berufsbild

Nach meinen Erfahrungen hatten die meisten Schüler eine vernünftige Vorstellung von dem, was sie machen wollten. Ist das noch unklar, dann ist mit ihnen über Neigungen, Wünsche und positive Praktikums-Erfahrungen zu reden. Außerdem können sie sich sehr ausführlich in der Berufedatenbank der Bundesagentur für Arbeit über Berufsbilder informieren. Aber von alleine geschieht da wenig, hier ist wieder der Coach gefragt. Darauf werde ich noch ausführlich eingehen. Eignungstests, siehe Seite 61, sind hilfreich.

6. Ausbildungsplätze suchen und Kontakte verwalten

Der Schüler soll und kann sehr viel selbst tun, wenn ihm in der Schule oder bei der Bundesagentur für Arbeit der Zugang zu den entsprechenden Datenbanken erklärt worden ist. Der Coach muss das überprüfen.

Blindbewerbungen, die auch sehr sinnvoll sein können, initiiert besser der Coach.

Verwalten von Kontakten: Fünf bis zehn Bewerbungen sollte man schon versenden, die wollen verwaltet werden. Dazu sollte der Coach anleiten und das Vorhaben genau überwachen:

> Sind die Unterlagen auch tatsächlich angekommen?
> Wer hat für wann was versprochen?
> Wann muss/darf wieder nachgefragt werden?

Coaching – sieben Ziele

Es heißt, heute bewirbt man sich online. Ich kann das generell so nicht bestätigen. Laut *Süddeutscher Zeitung* vom 24.4.2010 ist zwar die schriftliche Bewerbung auf dem Rückzug, aber selbst heute will erst ein Viertel der Firmen eine Online-Bewerbung. Auf meine explizite Nachfrage wollten nur die wenigsten Betriebe auf eine schriftliche Bewerbung verzichten. E-Mails, das sind für mich in der Regel Bewerbungen „light". Bei großen Handelsketten mit Hunderten von Bewerbungen, mag das angehen, aber in kleineren Unternehmen ist das selten angebracht. Zudem gibt es ein erhebliches Risiko dabei: Viele Dokumente, die von Schüler-Computern abgeschickt werden, haben oft Formate, die der Ausbildungsplatzgeber womöglich gar nicht öffnen kann oder die als Spam verschwinden, und keiner meldet sich, um auf diesen Fehler aufmerksam zu machen.

7. Herausfinden, warum eine Bewerbung nicht erfolgreich war

Eine der wichtigsten Informationsquellen für die weitere Orientierung, falls eine Bewerbung negativ beschieden worden ist, sind die Gründe für eine Ablehnung. „Aus Schaden wird man klug" gilt ganz klar auch hier. Wenn Eltern überhaupt ein Interesse haben, nachzufragen, treffen sie nach meiner Erfahrung häufig auf eine Mauer des Schweigens.

Hier hat der Coach einen großen Vorteil. Als neutrale Partei habe ich immer noch äußerst ausführliche und kompetente Rückmeldungen bekommen. Dieses Feedback hilft Vorstellungen zu korrigieren oder Bewerbungsmethoden zu verbessern.

An dieser Stelle ein besonderer Dank an alle Partner in der Wirtschaft, die mir diese Hilfestellung gegeben haben.

Eine Bitte um Offenheit, wenn eine Bewerbung abgelehnt wird, an jene Unternehmen, die noch immer glauben, man müsse die Gründe der Ablehnung verschweigen. Damit machen sie alles nur schlimmer. Nur Offenheit wenigstens mündlich dem Coach gegenüber bringt uns weiter und zeigt die so wichtigen Verbesserungspotenziale auf.

Programm „Coaching"

Wer muss mitmachen, um erfolgreich zu sein?

Die Beteiligten und ihre Funktion

Die Schüler

Ideal wäre es, wenn ein Großteil der unterstützungsbrdürftgigen Schüler an diesen Programmen teilnehmen würde. Die Gründe für die Zögerlichkeit sind mir nicht ganz klar: Unwille, Unverständnis, Nachlässigkeit? Aber auch zu wenig Information der Eltern über das Coaching. Unverständnis auf Seiten der Eltern oder auch Scham, sich als unterstützungsbedürftig darzustellen? Manchmal auch Misstrauen von Migranten gegenüber Behörden.

Die Eltern

Die Eltern müssen genau verstehen, was Coaching für ihre Kinder sein soll, und dass es eine elterliche Kernverantwortung gibt, den Weg in die Ausbildung zu unterstützen.
„Ohne Eltern geht nichts" titelte einmal die Fürstenfeldbrucker Ausgabe der *Süddeutschen Zeitung* im Frühjahr 2009 ganz zu Recht in diesem Zusammenhang.
Deshalb ist der Besuch zu Hause bei den Betreuten sinnvoll, um zu erläutern, was man machen will, und mit welchem Ziel. Auch um die familiäre Situation kennen zu lernen und um Vertrauen zu gewinnen. Das Vertrauen des Schülers und der Eltern ist ein Schlüssel zum Erfolg.

Die Lehrpersonen

Der Schüler-Mix an der Hauptschule ist herausfordernd. Ich denke da an die gegebenen Randbedingungen – ungünstige Schüler-Lehrer-Relation bzw. die vorschulischen Deutsch(un)kenntnisse jener Schüler mit Migrationshintergrund. Bedenkt man, dass ein definierter Lehrplan durchgezogen werden muss, bleibt wohl wenig Platz für individuelle Betreuung. Coaching kann hier unterstützen.

Die Lehrer sind eine wichtige Informationsquelle, um die Ausgangslage der Schüler im schulischen Bereich richtig einzuschätzen und eine ganz wichtige Brücke zu den Schülern und zu deren Eltern. Vom Coaching überzeugte Lehrer sind die besten Botschafter für die Idee.

Die Coachs

Coach – ein Ausdruck aus der Welt des Fußballs, die manchem Kind geläufiger sein dürfte und die emotional besser besetzt ist, als die Welt der Schule. Rekrutiert werden die Coachs hier durch Aufrufe in der Presse oder durch Mundpropaganda.
Man bedenke, dass in einer Stadt mit ca. 38 000 Einwohnern ca. 20 % der Bevölkerung im

> **Programm „Coaching"**

Alter zwischen 50 und 68 Jahren sein dürften und davon will ich 5 % als geeignet für das Coaching ansehen, dann wären das rund 400 Bürger. Fakt ist, über fünf Jahre haben wir nur ca. 20 Coachs rekrutieren können. Es gibt also ein großes Potenzial, wir müssen es nur richtig ansprechen und damit aktivieren. Jenen, die zögern, weil sie presswirksame Extremfälle vor Augen haben, sei gesagt, wir haben es mit ganz normalen Kindern (inklusive Faulheit) zu tun, die meist nur etwas mehr Stütze und Aufmerksamkeit benötigen.

Woher die Kompetenz des Coachs kommt, wurde bereits erörtert. Nachzutragen ist, dass die Gruppe der Coachs auch ein „lernender" Verein ist und, wie in exzellenten Unternehmen üblich, Erfahrungen regelmäßig austauscht. Die meisten der Coachs in Germering haben bereits mehr als ein Kind betreut. Es gibt auch die Möglichkeit der fallspezifischen Supervision, Fachleute gibt es in jeder Region.

Es werden im Landkreis Starnberg auch 15(!)-stündige Einführungen für Coachs durch eine Diplomsozialpädagogin angeboten. Wenn Geld und Bereitschaft da ist, warum auch nicht diese Variante?

Präsenz zeigen

Allgemein habe ich die positive Erfahrung damit gemacht, Präsenz zu zeigen ohne penetrant zu sein. Den Kontakt nicht nur auf das wöchentliche Treffen zu beschränken, sondern einmal zusätzlich pro Woche anzurufen. Zu leicht werden Pflichten „vergessen". Neben der Kontrollabsicht stellt es einen engeren Kontakt dar, der einfach Zuwendung demonstriert und diese ist bei der Betreuungsaufgabe ein wichtiger Erfolgsfaktor.

Es kann dem Coach aber auch misslingen, an den Schüler wirklich heranzukommen. Oder es ist die Zuverlässigkeit des Schülers nicht zu erreichen, weil es nicht möglich war, ihm den Nutzen eines vernünftigen Schulabschlusses näherzubringen. Dann wird das Betreuungsverhältnis auch aufgelöst.

Die Trägerorganisationen

In Bayern sind sehr viele Gruppen als Träger engagiert. Das reicht von den Wirtschaftsjunioren Bayern über kirchliche Stellen, Kreisjugendringe bis zu den Aktivsenioren. Sollte die Stadt Träger des Coachingprogramms sein, so sind die entsprechenden Referate wichtige Drehscheiben für Informationen, Kontakte und Finanzierungsquelle für das Coaching-Angebot.

Sehr erfolgreiche Coachingprojekte zeichnen sich dadurch aus, dass jene, die sich in der betreuenden Rolle sehen, ein vertrauensvolles Netzwerk bilden und große Freude an dieser Coaching-Aufgabe entwickelt haben.

Wie ist die Aktion zu starten?

Den Start organisieren	38
Wie erreicht man die Eltern?	38
Aufteilung der Schüler auf Coachs	38
Ausrüstung der Schüler	39
Arbeitsorganisation	39
Der vertragliche Rahmen	40
Verpflichtungen des Coachs	40
Arbeitsschwerpunkte phasenbezogen	40
Die Angebote an die Schüler	41
Kosten für Ausrüstung	42
Ein positives Beispiel	43

Programm „Coaching"

Den Start organisieren

Wie kommen die Schüler in das Coaching-Programm?

Der Idealzustand wäre, es hätte sich herumgesprochen, dass jene, die beim Programm mitmachen, fast sicher einen Ausbildungsplatz bekommen.

Oder die Schüler würden sich nach entsprechendem Vortrag über Sinn und Zweck des Coachings durch Vertreter des Sozialreferats in der Schule, beim Klassenlehrer oder beim Betreuer des Sozialbereichs, z. B. bei der Arbeiterwohlfahrt, melden.

Oder die Vertreter der Schule selbst machen Vorschläge, wer sich denn in ein Coaching-Programm begeben sollte. Das sollte allerdings frei von Sympathiegesichtspunkten geschehen.

Fakt ist, das läuft noch nicht überall ganz vorstellungsgemäß. Die ideale Werbemethode wurde in dem Umfeld, das ich überblicke, bisher noch nicht gefunden. Es ist natürlich nicht gerade motivierend, wenn man Schülern, die Unterstützung benötigen und deren Familien dieses freiwillige Engagement der Gesellschaft praktisch aufdrängen muss.

Ein wichtiges Thema: Wie erreicht man die Eltern?

Vor allem über die Eltern erreicht man die Teilnahme der Jugendlichen an dem Programm. 2009 verteilte die Stadt ein Informationsblatt zum Coaching direkt an die Eltern. Der gewünschte Erfolg blieb aus. Man konnte offenbar das Vertrauen der Familien mit Migrationshintergrund nicht ausreichend gewinnen. In der Nachbargemeinde (19 000 Einwohner) ist es gelungen, für 23 Schüler der 9. Klasse eine 100 %ige Betreuung zu erreichen. Allerdings ist dort der Anteil der Schüler mit Migrationshintergrund sehr gering.

Es bleibt festzuhalten, dass die Schulen den besten Zugang zu Eltern und Schülern haben und sie daher am besten für das Coaching werben können.

Um das Vertrauen der Migranten in das Coaching zu gewinnen, könnte auch der Kontakt zu einem Imam der Gemeinde hilfreich sein.

Wie werden die Schüler auf die Coachs aufgeteilt?

In dem köstlichen Film „Shopping" geht es um Partnerwahl im Schnellverfahren, „speed dating" genannt. Diese Methode – 5-Minutengespräche reihum – habe ich gewählt, um sie in amüsanter Weise bei der Findung der „Paare", Coach/Betreuter zu verwenden. Am Ende kommen dann die Paarungen heraus, die das Gefühl haben, sie könnten gut miteinander arbeiten.

Ausrüstung der Schüler

Organisations- und Kommunikationsmittel, die mir hilfreich erscheinen:

> PC mit dem MS-Office-Paket
> E-Mail-Möglichkeit
> Taschenkalender
> Ordner zur Gliederung und Aufbewahrung aller relevanten Informationen

Es kommt uns da der Zeitgeist entgegen, PC und Mail hat praktisch jeder. Es ist überhaupt erstaunlich und wert darüber nachzudenken, wie schnell Jugendliche lernen, mit dem PC und den wichtigsten Programmen umzugehen. Ich kann es mir nur so erklären, am Computer die Belohnung – etwas zu finden, etwas zu beherrschen – sehr schnell da ist. Bis sich aber eine gute Lernleistung in ein emotional vergleichbares Erfolgserlebnis im Beruf wandelt, vergeht Zeit. Trotzdem sollten die Lernforscher versuchen, ob nicht doch etwas vom spontanen Computer-Lernverhalten auf den Schulalltag übertragbar wäre.

Arbeitsorganisation

Nach meiner Erfahrung reichen im Schnitt zwei Stunden pro Woche für die Coachingarbeit.

1. Es wird der Ort des Treffens vereinbart.
2. Alle Informationen zur Schul- und Praktikasituation sind zu beschaffen.
3. In den Treffen werden zunächst Informationen eingeholt und wichtige Informationen angefordert, die in der Regel nach zwei Sitzungen vorhanden sein müssen.
4. Es wird der Kontakt via E-Mail eingerichtet sowie über Telefon, also Austausch der Handy-Nummern.
5. Aufgaben wie jene, Unterlagen beizubringen, kommen in eine kleinere Liste: „Zu erledigen" bis zum nächsten Mal.
6. Ich achte darauf, dass der Schüler immer Schreibzeug, den Coachingordner und einen Terminkalender mit dabei hat.
7. Pünktlichkeit ist eine Grundvoraussetzung und hat bei mir eigentlich immer geklappt. Nur weiß ich, dass in den Coachrunden (monatlicher Erfahrungsaustausch) öfter über Unpünktlichkeit geklagt wurde. Wenn ein Termin nicht möglich ist, wird das einen Tag vorher deutlich kommuniziert. Klappt das nicht, wird die Betreuung beendet.
8. Ich lege Wert darauf, dass die Aufgabenlisten praktischerweise keine fliegenden Zettel sein sollten, sondern Einträge im Arbeitsheft oder im Taschenkalender. Diese werden in jeder Stunde genau durchgegangen, damit das Erledigte abgehakt werden kann. Also: Leistung erbracht.

Programm „Coaching"

Wo trifft man sich?

Wo man sich trifft, ist Geschmacks-, Zeit- und Vertrauenssache. Ich begann mit Treffen in der Schule, habe das dann aber aus Zeitgründen nach Hause verlegt. Zu Hause bei den Betreuten dürfte der Ausnahmefall sein. Weitere Orte wären die städtische Bibliothek oder andere Sozialräume der Stadt. Ein neutraler Ort ist die beste Wahl – man denke auch an die Missbrauchsdiskussion.

Der vertragliche Rahmen

Die Coaching-Vereinbarung, die von den Beteiligten unterschrieben wird, ist ein solcher Rahmen (Beispiel: siehe S. 96; Nutzungserlaubnis ist bei der Stadt Germering einzuholen).

Dazu setze ich nochmals explizit Spielregeln:
1. Pünktlichkeit.
2. Ehrlichkeit und Verlässlichkeit.
   Einhaltung der vereinbarten Termine bzw. rechtzeitiges Abmelden
3. Bereitschaft, einzelne Aufgaben zu Hause zu machen und für das Coachingthema etwa zwei bis drei Stunden, inkl. der gemeinsamen Coachingsitzungen, zu akzeptieren.
4. **Regelmäßig** Kontakt über E-Mail halten, vor allem über Erledigung von Aufgaben und schulischen Ereignissen von Bedeutung.

Auch der Coach hat Verpflichtungen, er muss

1. bereit sein, eine stabile und zugewandte Beziehung zum Betreuten aufzubauen;
2. genau informieren;
3. ein Vertrauensverhältnis herstellen;
4. nicht unendlich, aber doch ausreichend Geduld mitbringen;
5. ein ehrliches Interesse an anderen Kulturen haben.

Die Schwerpunkte des Coachings über die Zeit

Phase *Notenverbesserung und Berufsbildfindung*:

Was passiert in der Stunde selbst, soweit man so einen Ablauf verallgemeinern kann?
1. Auftakt: Wie ging es dir in der letzen Woche? Was hast du in der Schule erlebt und erfahren, liegen besondere Vorkommnisse vor? Wie ging es außerhalb der Schule, mit Freunden, in der Familie?
2. Welche Proben wurden geschrieben, hast du sie im Probenordner eingetragen? Gibt es einen Trend zum Besseren?

3. Schauen wir uns deine Aufgabenliste aus dem letzten Treffen an (Wochenplan). Was ist erledigt? Bei den nicht erledigten Dingen, woran lag es? Neuer Termin.
4. Läuft der E-Mail-Kontakt?
5. Falls Nachhilfe: Wie läuft es mit der Nachhilfe? Es empfiehlt sich, auch mit der Person, die Nachhilfe gibt, in lockerem Kontakt zu bleiben, um schnell auf Dinge reagieren zu können, die nicht so laufen, wie angedacht.
6. Falls man selber eine Aufgabe gestellt hat, z. B. einen kleinen Deutsch-Test zu schreiben, dann die Aufgabe durchgehen.
7. Neuen Wochenplan erstellen. Was steht an Exen/Proben an? Worauf muss ich mich besonders gut vorbereiten? Im Wochenplan sind auch jene Aktivitäten enthalten, die Teil des Coachingprogramms sind. Also zusätzliche Aktivitäten, die notwendig sind, um Rückstände aufzuholen. Dazu dann auch jene Aktivitäten, die im Rahmen des Coaching notwendig sind, für die nächste Zeit festlegen bzw. terminieren.
8. Wurde das Berufsbild auch mit einem Eignungstest sorgfältig abgeklärt?

Phase *Bewerbung*:

Welche Themen sind hier bedeutend?

1. Wurden die Informationsangebote der Bundesagentur genutzt?
2. Wurden die Berufsbilder auf der entsprechenden Web-Seite der Bundesagentur durchgelesen? Gemeinsam besprechen.
3. Gibt es bereits eine Bewerbungsmappe aus der Schule?
Wo ist es sinnvoll, diese Unterlagen nachzuarbeiten?
4. Liegen alle Dokumente vor, die wir für das Bewerbungsscheiben benötigen?
5. Der Coach vor allem, aber auch der Schüler, suchen über Bekannte, Schule, Internet und Betriebe, von denen man aus der Vergangenheit weiß, dass sie ausbilden, freie Ausbildungsplätze.
6. Liste mit den entdeckten Ausbildungsplätzen durchgehen, gemeinsam die Anschreiben formulieren.
7. Überwachen, dass der Schüler die Bewerbungen abschickt.
8. Gemeinsame Kontaktverfolgung: Was ist zu tun, wenn sich jemand nicht meldet? Was ist zu tun bei einer Absage?

Die Angebote an die Schüler, die sich betreuen lassen

Hier das „Menü" im Falle Germerings, ich denke der Tisch ist reich gedeckt. Neben der **Betreuung im engeren Sinne**, wie ab Seite 31 geschildert, gibt es noch folgende Angebote:

Programm „Coaching"

Organisation von Nachhilfe
Über Gymnasien oder Institute, in Einzelfällen geben Coachs sogar selbst Nachhilfe.

Videotraining zur Vorbereitung auf das Bewerbungsgespräch

Kurs: Lernen lernen, ein Wochenende „PowerLearning" der katholischen Hochschule Augsburg (siehe S. 92).

Zunächst waren diese Angebote nur für Gymnasiasten. In Germering habe ich das auch für Hauptschüler organisiert. Eine Anfrage meinerseits zeigte aber, dass das Projekt auch für Hauptschüler angeboten werden kann.

Die Schüler geben immerhin ein ganzes Wochenende dran, das kann man nicht so ohne weiteres erwarten. Es funktionierte aber. Wie viel hängen bleibt, weiß ich nicht. Einzelne profitieren auf jeden Fall.

Als Beobachter einzelner Teile des Seminars zeigte sich mir, dass die Schulprogramme wie sie heute existieren, zu wenig Zeit für wichtige Themen haben wie:

>Wie konzentriere ich mich?
>Wie lerne ich richtig?
>Wie motiviere ich mich?
>Wie strukturiere ich meine Arbeit?
>Wie richte ich mein Arbeitsumfeld ein?

Kosten für Ausrüstung und Nachhilfe

Hierher passt die Frage: Soll das alles für die betreffenden Familien umsonst sein? Oder gilt nicht eher der Satz: „Was nichts kostet, ist nichts wert". Gewiss, es mag Fälle geben, in denen 30 € eine Ausgabe von Gewicht ist und das kostenfreie Angebot in solchen Fällen eine Voraussetzung darstellt.

Andererseits sieht sich die Kommune in einer Zwickmühle: Tut sie nichts, dann entstehen hohe Kosten für Nachbetreuung oder die Unterbringung in Übergangssystemen. Also macht sie das Coaching für die Betroffenen unentgeltlich und subventioniert auch Nachhilfe oder z. B. das Programm PowerLearning.

Kurzfristig wird es nur so gehen; mittelfristig müssen die Elternhäuser und die Bildungspolitik deutlich stärker in die Pflicht genommen werden. Ich habe wenig Verständnis für jene Einstellung, die meint, der heutige Lebensstandard umfasse nun mal Fernsehen, Radio, Parabolantenne, Handys für alle, DVD-Abspielgerät, MP3-Player. Sonst komme die berühmte „Teilhabe an der Gesellschaft" zu kurz. Dass Sport- und andere Vereine und Bibliotheken sehr viel persönliche und emotionale Teilhabe am gesellschaftlichen Leben sicherstellen können, prak-

Programm „Coaching"

tisch ohne Kosten, wird dann geflissentlich übersehen, habe ich das Gefühl.
Es heißt manchmal: „Ich habe keine Zeit!" Nun, das ist nicht ganz ehrlich. Dahinter verbirgt sich einfach: Ich habe andere Prioritäten! Genau so verhält es sich mit den Familienausgaben. Kein Geld für Nachhilfe, wenn ich zugleich einen großen Flachbildfernseher habe, sagt eben etwas über Prioritäten. Wohlgemerkt, es mag sicher Einzelne geben, für die 30 € viel sind und die sollen ohne Wenn und Aber unterstützt werden. Aber bei all jenen, die elektronisch „hochgerüstet" sind, finde ich, wären zunächst die Eltern an ihre Verantwortung für die Bildung und Ausbildung ihrer Kinder zu erinnern und an die damit verbundenen Ausgaben.

Und wenn alles gut geht, liest sich das dann so…

SZ vom 13.08.2008

Gespräche, ein Zeitplan und viel Motivation

Yasin Söyden hat am Coaching-Projekt für Hauptschüler teilgenommen / Sein Lehrvertrag ist unterzeichnet

Germering ■ Dass er die Schule einmal vermissen würde, wäre für Yasin Söyden vor einem Jahr noch undenkbar gewesen. „Ich wollte immer so schnell wie möglich damit fertig werden", erzählt der dunkelhaarige junge Mann und krempelt die Ärmel seines gestreiften Kapuzenpullis hoch. Inzwischen hat sich seine Einstellung gewandelt. „Man sollte sich auf jeden Fall auf die Schule konzentrieren", ist der Germeringer heute überzeugt.

Yasin ist 16 Jahre alt. Vor kurzem hat er an der Wittelsbacherschule beim zweiten Anlauf seinen Quali, den Qualifizierenden Hauptschulabschluss, mit 3,0 geschafft. Am 1. September beginnt er bei der Deutschen Bahn eine Ausbildung zum Anlagenmechaniker für Sanitär-, Heizungs- und Klimatechnik. „Dass es mit dem Abschluss und der Lehrstelle geklappt hat, ist auch Herrn Rauter zu verdanken", sagt er.

Johannes Rauter ist einer von zehn Coaches, die im vergangenen Schuljahr 13 Germeringer Hauptschüler, fünf Mädchen und acht Jungen, unter ihre Fittiche nahmen. Das Coaching-Projekt war vor drei Jahren von der Stadt Germering ins Leben gerufen worden, um junge Leute bei der Ausbildungsplatzsuche zu unterstützen. Von den 13 Schülern, die sich im Herbst 2006 meldeten, sprangen fünf wieder ab. „Doch von denen, die dabei blieben, bekamen 80 Prozent eine Lehrstelle", freut sich Rauter. „Das ist eine tolle Rendite."

Rauter ist Hauptschul-Coach aus Überzeugung. Schon mit wenig Aufwand könne viel erreicht werden, betont der promovierte Volkswirt. Im Durchschnitt treffe sich der Betreuer eineinhalb Stunden pro Woche mit seinem Schützling. Zuerst werde analysiert, wo der Jugendliche in der Schule stehe. Dementsprechend werde Nachhilfe organisiert. Gemeinsam mit dem Schüler werde der Berufswunsch erörtert. Zudem gibt der Coach Tipps für Bewerbungen und Jobgespräche. Wer aber glaubt, der Coach mache die Arbeit allein, der irrt.

„Das Wichtigste ist, den Jugendlichen Zeit und Selbstvertrauen zu geben", weiß Rauter. Wenn er einen Schüler beispielsweise frage, worauf er stolz sei, müsse dieser erst lange nachdenken, bevor ihm etwas einfalle. „Den Hauptschülern wird einge-

Yasin Söyden aus Germering hat eine Lehrstelle gefunden. Sein Coach hat ihn dabei unterstützt. Foto: Scheider

trichtert, dass sie nichts können", ärgert sich Rauter. Derweil sei es doch eine Stärke, wenn ein 17-Jähriger einen nennenswerten Betrag zu seinem Führerschein selbst verdiene oder wenn ein Afrikaner neben Deutsch auch Französisch spreche.

Von den Schülern, die die Germeringer Coaches betreuen, haben knapp die Hälfte Migrationshintergrund. So auch Yasin. Seine Eltern stammen aus der Türkei, er selbst wurde in Deutschland geboren. „Ich hatte Probleme im Rechtschreiben und im Textverständnis", analysiert der höfliche junge Mann ganz nüchtern. „In den praktischen Fächern war ich gut." Rauter habe ihm Nachhilfe in Deutsch organisiert. Außerdem musste sich Yasin einen Kalender zulegen, um seinen Tag besser zu strukturieren. Sonntags musste er Rauter in einer E-Mail von den erledigten Aufgaben und montags von den geplanten Dingen berichten. In unregelmäßigen Abständen fanden Gespräche statt.

Bevor er eine Lehrstelle fand, schrieb Yasin an die 30 Bewerbungen. Durch ein Video-Training lernte er, entspannt ins Vorstellungsgespräch zu gehen. „Ich bin aber sowieso ein Typ, der gerne redet", schmunzelt er. Das hat auch mit seinen Hobbys zu tun: Yasin trainiert die F-Jugend beim SV Germering und hatte als R'n'B-Sänger schon kleinere Auftritte. Die letzten drei Ferienwochen will Yasin noch richtig genießen, bevor der Ernst des Lebens beginnt. Auf die Berufsschule freut sich der angehende Lehrling schon jetzt. *Petra Fröschl*

Coaching

Für das Coachingprojekt der Stadt Germering werden noch Bürger gesucht, die sich ehrenamtlich betätigen wollen. Infos erteilt Herbert Sedlmeier unter der Telefonnummer 089/89419-223. Johannes Rauter und seine Coaching-Kollegen bedauern, dass bislang nur wenige Hauptschüler das Angebot wahrnehmen. „Der Bedarf ist da, aber wir müssen uns manchmal schon sehr andienen", sagt er. Das liege oft auch an der mangelnden Unterstützung im Elternhaus. Um das Projekt bekannter zu machen, werden im neuen Schuljahr erstmals auch Flyer auf türkisch und serbokroatisch verteilt. *pefo*

Was muss ich als Coach im Auge behalten?

Verständnis entwickeln

Das Umfeld begreifen	46
Exkurs: Pubertät – wir dürfen sie nicht ignorieren	47
Exkurs: Soziale Grundbedürfnisse des Jugendlichen	49

Das Umfeld begreifen

Kennenlernen

Man lernt sich kennen und es gibt den berühmten ersten Eindruck. Dem kann sich keiner entziehen. Aber das wäre wirklich zu kurz gesprungen.

Wenn man den anderen nicht kennt, geht es wie in jeder menschlichen Beziehung, dann kommt es zu falschen Einschätzungen, falschen Erwartungen, kurz, zu meist vermeidbaren Problemen.

Wer ist der Coach?

Das Kennenlernen ist keine Einbahnstraße. Es ist gut, wenn der Coach zunächst von sich und seinem Leben erzählt und warum er diese Aufgabe übernommen hat. Er soll auch klar machen, mit welchen Überzeugungen und Methoden er versucht, die Aufgabe zu bewältigen. Warum er glaubt, dass dieser Weg erfolgreich sei.

Wer ist der Schüler?

Es ist wichtig, dass er selbst erzählt, warum er sich zu diesem Programm gemeldet hat. Es ist wichtig zu wissen, wie die Familie dem Coaching gegenüber eingestellt ist. Er hat sicher auch schon einen ersten Berufswunsch. Er soll erzählen, wie er darauf gekommen ist, was ihn glauben macht, das sei genau das Richtige für ihn. Was waren seine Erfahrungen mit der Bundesagentur für Arbeit? Beim Schüler interessiert genauso, wie er seine Freizeit verbringt, ob er Sport macht, sich sozial engagiert, wie es in seinem Freundeskreis läuft, ob er besondere Hobbys hat.

Das Umfeld des Schülers

Hier sollte beispielsweise der tägliche Fernsehkonsum bzw. der Medienkonsum interessieren. Dann die Ausstattung mit PC und die Möglichkeit zum E-Mail Verkehr – für mich ein Schlüsselelement für den wichtigen, stetigen Kontakt, aber offenbar eine große Herausforderung für Schüler. Ob er zu Hause in Ruhe arbeiten kann, oder ob ständig der Fernseher nebenher läuft, weil beispielsweise die kleineren Geschwister fernsehen „müssen".

Auch die Erfahrungen mit den gemachten Praktika sind eine unschätzbare Hilfe für den Coach und das Programm, das er sich für seinen Schützling grob zurecht legen wird. Checkliste: Der Schüler in seinem Umfeld (siehe S. 85 ff.).

Die Schule

Wichtig ist es, sich mit der schulischen Situation anhand der Zeugnisse und evtl. eines Gesprächs mit dem Klassenlehrer vertraut zu machen. Der Coach sollte den Stundenplan kennen und sollte verstehen, was Ganztagsschule bedeutet und wie die Hausaufgaben und zusätzliches Lernen zur Verbesserung der Noten darin untergebracht werden können.

Die Botschaft von Verantwortung und vom Leben auf Ziele hin

Meiner Überzeugung über die Funktion von Zielen im Leben und ihrer Bedeutung für die Ausrichtung der eigenen Tätigkeiten folgend versuche ich zu motivieren (siehe Präsentationen auf S. 73 ff.).

Die andere Botschaft ist die, dass es sehr viel bringt, den „Steigungswinkel für die Lebenslaufbahn" in der 8./9. Klasse zu vergrößern, d. h. je schneller man zu besseren Noten, also Disziplin und Stetigkeit in dieser entscheidenden Schulphase findet, desto besser wird der Betreute seinen Schulabschluss absolvieren und desto mehr Chancen kann er sich für die Ausbildungsplatzsuche, ja für den gesamten Berufsweg, ausrechnen (siehe S. 75).

Pubertät, wir dürfen sie nicht ignorieren

Um eine gute Beziehung zu einem Jugendlichen aufbauen zu können, müssen wir uns etwas zurück erinnern. Was bewegt in der Pubertät?

A. Siegler setzt sich damit auseinander. Der Autor benennt Ängste, besser Verunsicherungen und Gefühle in der Adoleszenz. Sie sind hier beispielhaft angesprochen.

Zur Beachtung: Diese Erkenntnisse von Siegler stammen vor allem aus dem Verständnis des Industriestaates, wie wir ihn kennen. Moslemische Migranten kennen zwar im Prinzip auch diese Phänomene, jedoch wirken die Familie und der größere Familienverband und seine aus unserer Sicht viel konservativeren Normen stärker in das Leben der Jugendlichen hinein.

Der Coach sollte sich, wenn es nicht so glatt läuft, über die „unsichtbare Seite" des Jugendlichen respektvoll Klarheit verschaffen um den Schüler und sein Verhalten richtig einzuschätzen.

1. **Die Angst vor dem Unbekannten**
   Der Körper verändert sich. Man fühlt sich mal traurig mal euphorisch mal einsam. Eltern kommen einem komisch vor.

2. **Die Angst vor dem Alleinsein**
   Jugendliche haben ein starkes Verlangen nach Freundschaft, sind also bemüht

> **Verständnis für Pubertät**

Anschluss zu finden. Wenn die Bande zu den Eltern gelockert werden, wer tritt an diese Stelle? Werden mich die Anderen auch annehmen? Jugendliche haben Angst vor dem Alleinsein, das kann ihre Kraft und Selbstvertrauen lähmen. Gemeinschaftsstreben tritt stark auf, das Ziel dabei ist Zusammensein aus innerer Gleichstrebigkeit (Peer Group) zu erreichen. Ablehnung durch Altersgenossen ist überaus schlimm. Gehöre ich zu einer Gruppe? Passe ich dazu?

3. **Die Angst um das Aussehen**
   Bin ich groß genug, hässlich oder schön? Selbstvertrauen hängt in dieser Zeit viel vom Aussehen ab. Entspreche ich dem Erscheinungsbild „meiner" Gruppe. Jugendliche werten ihren Körper ab, beschäftigen sich ständig mit Unvollkommenheiten, z. B. Pickeln, dünnen Armen etc. Widersprüchlichkeit kommt oft vor.

4. **Die Angst vor dem Erwachsenwerden**
   Die Jugendlichen ahnen, dass sie nun viel mehr für sich entscheiden müssen. Davor scheuen sie manchmal zurück.

5. **Angst und Gewissen**
   Kinder bekommen ihr Gewissen und „Maßstäbe" von Vorbildern, allen voran von den Eltern vorgelebt und erläutert. Sie beginnen diese Maßstäbe zu hinterfragen, verweisen auf das, was andere „tun dürfen".
   Sie begehen Fehler und lernen dabei, das verunsichert Eltern.
   Das Verhalten kann in dieser Zeit überaus stark von der Gruppe – der man ja unbedingt angehören will – und ihren Normen geprägt sein.

6. **Die Angst um das Selbst**
   Das kindliche „Selbst" geht verloren, es bildet sich – und das ist die wichtigste Aufgabe er Adoleszenz ein neues „Selbst".
   So kann aus einem mutigen Kind ein schüchternes, aus einem folgsamen Kind ein rebellisches werden.
   Die „Selbstbestimmung" drückt sich aus in Fragen z. B. „wie möchte ich auf andere wirken?" „Was tue ich in meiner Freizeit, welche Fähigkeiten und Talente habe ich und was will ich aus meinem Leben machen?"

7. **Vertiefung des Gefühls**
   Sehnsucht, Leidenschaft, Begeisterung, sind schnell wechselnde Themen.

8. **Problem Selbstwertgefühl, Selbsteinschätzung**
   Der Jugendliche bewegt sich zwischen Extremen, ist von Zweifeln besetzt. Er hat ein verletzbares Ehrgefühl, und Empfindlichkeiten treten stark in den Vordergrund.

Selbstwertbetonung über Kleidung, Rauchen, Trinken Fluchen. Abwendung von den Eltern. Sexualität – unterstützt durch die Medienindustrie – wird ein Thema.

9. **Die gesundheitlichen Belastungen**
   Das ausgeprägte Gesundheitsgefühl („Ich fühle mich gesundheitlich sehr wohl") bejahen im 12. Lebensjahr 55 %, im 15 Lebensjahr nur mehr 33 % der befragten Jugendlichen, so Siegler. Zu den körperlichen Anzeichen gehören Kopf-, Magen-, Bauchschmerzen, Verdauungs- und Schlafstörungen, Schwindelgefühle und bei Mädchen gehen Verschlechterungen oft auf die Menstruation zurück.

Probleme mit Jugendlichen – sich mögliche Ursachen bewusst machen

Quelle: Adler-Dreikursmethode, Gudrun Halbrock Stiftung, „Respektvoll erziehen"

Wir sollten uns auch immer daran erinnern, was Jugendliche widerspenstig, konfliktbereit oder auch initiativlos macht. Nicht, dass wir als Coachs Therapie machen sollen, keinesfalls, aber wir sollten zumindest in Umrissen wissen bzw. Sensibilität für Signale haben, was problematisches Verhalten provoziert haben könnte. Auch das kann die Coaching-Arbeit in manchen Situationen erleichtern.

Die vier sozialen Grundbedürfnisse:

1. **Dazugehören** und sich geliebt fühlen (ich bin liebenswert und ein Teil der Gemeinschaft).
2. **Fähig und wirkmächtig sein,** Einfluss nehmen können, Bedeutung haben, für andere wichtig sein (ich kann was und kann dazulernen. Auf meinen Beitrag kommt es an).
3. **Respektiert und fair behandelt werden** (ich verdiene Respekt und faire Behandlung).
4. **Sich sicher fühlen, Mut zum Wagnis haben** (statt Angst vor Misserfolgen zu haben, bin ich mutig. Mit dem, was kommt, werde ich fertig. Ich kann mir Hilfe holen).

Wenn Kinder nicht spüren, dass ihre sozialen Grundbedürfnisse erfüllt werden, versuchen sie mit ungeeigneten Mitteln, ihre Ziele zu erreichen. Das sind ebenfalls vier, die sogenannten „irrigen Nahziele".

Soziale Grundbedürfnisse

„Irrige Nahziele" (missverstandene Ziele):

1. **Unangemessene Aufmerksamkeit fordern** oder Bedienung verlangen, um Zuwendung zu bekommen.
2. **Macht und Überlegenheit anstreben,** bzw. keine Macht über sich dulden, um sich bedeutungsvoll zu fühlen, z. B. durch Angeben, Trotzen, Lügen.
3. **Rache planen, Vergeltung suchen.** Wenn Jugendliche sich gekränkt und ungerecht behandelt fühlen, entstehen Rachegedanken. Ihr Selbstwertgefühl ist verletzt. Sie entwickeln Hass, wollen sich rächen und andere ebenfalls verletzen. Sie sind misstrauisch und feindselig, um sich vor weiteren Kränkungen zu schützen.
4. **Rückzug, Unfähigkeit zur Schau stellen,** um sich Enttäuschungen darüber zu ersparen, etwas nicht zu können und sich minderwertig zu fühlen.

Es gibt Schlüssel, die „irrigen Nahziele" der Kinder zu erkennen, und ganz bestimmte Verhaltensweisen, wie Sie angemessen auf das jeweilig angestrebte Ziel reagieren können. Nutzlos und aufreibend ist es, sich in impulsiv auftauchende Gefühle wie Ärger, Bedrohung, Wut oder Enttäuschung über das Kind hineinzusteigern. Fehlverhalten eines Kindes ist immer Ausdruck eines unbefriedigten Grundbedürfnisses, kann auf kindlichen Fehlinterpretationen beruhen, ist in der Regel jedoch die Folge einer respektlosen Behandlung durch die Bezugspersonen.

Bei unerwünschtem Verhalten des Kindes gilt es zunächst eine pädagogische Haltung zu gewinnen und sich auf die Bedürfnisse des Kindes zu besinnen. Die grundsätzlichen Hilfen sind Wertschätzung, entgegengebrachtes Verständnis, Ermutigung und Miteinbeziehung. Die geeigneten Methoden sind jedoch sehr unterschiedlich und müssen auf das jeweilige Fehlverhalten bezogen werden.
Wie das funktioniert, finden Sie z. B. bei: **www.kinder-respektvoll-erziehen.de**

Auch das einfühlsame Zuhören hilft Ihnen weiter (siehe Emotionale Intelligenz).

Ich denke, es lohnt sich dann darüber nachzudenken, was man tun kann, um das Gefühl des Angenommenseins, des Dazugehörens, des Bedeutung- und Fähigkeitenhabens beim Betreuten zu verstärken. Selbst ausrasten ist jedenfalls die schlechteste Methode, ebenso alle Signale, die als Abwertung gedeutet werden könnten.

Selbstbewusstsein und realistische Erwartungen

Seine Position finden

Die Grundfragen	52
Leistungen im Schülerleben	52
Erwartungen der Wirtschaft	54
Selbsteinschätzung	55
Berufswünsche	57
Selbsteinschätzung, Eignungstests	61
Eignungstests, eine Bewertung	61
Vorgehen beim Eignungstest der Bundesagentur (Stand Mai 2010)	62

Die eigene Position finden

Selbstbetrachtung des Jugendlichen. Realistisch und – positiv!

Wer bin ich? Neigungen, Eigenschaften, Erwartungen.
Was kann ich? Zeugnisse, Praktikumserfahrungen, Sportbereich, Sozialbereich.
Was will ich? Meine kurz- und mittelfristigen Lebensziele.
Was bin ich bereit, auf mich zu nehmen? Einsatz, Entfernung zu einem interessanten Ausbildungsplatz.

Wie ausführlich darauf einzugehen ist, hängt von den Noten, dem Selbstbewusstsein und vom Berufswunsch ab, sofern er schon vorhanden ist und zum Profil des Schülers passt.

Leistung im Schülerleben

Was Schüler jenseits der Noten können und leisten, ist fast so entscheidend wie die Noten im Zeugnis. Mit außerschulischen Leistungen kann man sich gut positiv von anderen unterscheiden. Die ganze Persönlichkeit des Schülers zu sehen ist daher eine der Hauptaufgaben des Coachings und dies ist auch die Sicht der Firmen.

Jeder kann Leistungen aufweisen, nicht nur in der Schule, sondern auch in der Familie, in Vereinen, im Freundeskreis, bei den Praktika. Nach all den Jahren, in denen ich das mache, halte ich dies, also das Heben dieser Schätze, die in jedem Schülerleben vorhanden sind – neben der eher technischen Beratung zur guten Bewerbung – als das mit Abstand wichtigste der Coaching-Themen.

Hier ein für mich hilfreicher Fragenkatalog. Auf die Beantwortung dieser Fragen verwende ich mindestens zwei Sitzungen. Diese Übung liefert auch das entscheidende Rohmaterial für das Anschreiben in der Bewerbungsmappe.

Sich die wünschbare Zukunft erlauben

Durch manchen Pressebeitrag und andere Stimmen hat man den Hauptschülern abgesprochen, überhaupt eine Vision vom Leben haben zu dürfen. Dieser Trieb des Jugendlichen in der Hauptschule, an die Zukunft zu glauben, ist zwar durch manche gedankenlose veröffentlichte Meinung nicht völlig ausgerottet worden, aber er wurde oft zugeschüttet. Daher glaube ich, es ist überaus wichtig, im Gespräch und mit kleinen Aufsätzen, die Schüler, die ins Coaching-Programm kommen zu ermutigen, wieder ein Bild ihrer Zukunft, ihre eigene, positive Vision zu entwerfen. Darauf darf man ruhig zwei bis drei Stunden verwenden.

Die eigene Position finden

Übung dazu

Die eigenen Leistungen, das eigene Potenzial erkennen

- Welche Noten in den letzten drei Jahren waren 3 und besser als 3?
- Welche schriftlichen Kommentare in den Zeugnissen waren besonders positiv?
- Was hast du gemacht, worauf du besonders stolz bist?
- Was hat dir im Praktikum besonders gut gefallen, was ist dir da gut gelungen, wofür bist du gelobt worden?
- Wofür haben dich die Eltern gelobt?
- Wofür haben dich andere Menschen gelobt?
- Beherrschst du ein Hobby besonders gut?
- Wobei finden dich deine Freunde besonders stark?
- Hast du eine soziale Funktion ausgefüllt, z. B. Klassensprecher, Streitschlichter?

Aber auch:

- In welchen Fächern gab es in den letzen beiden Jahren die Noten 4 und 5?
- Was gelingt dir kaum oder nur mit Mühe?
- Was macht dir gar keine Freude?

Die Übung beginnt als Gespräch, mit viel Geduld und Nachfragen. Danach müssen die Schüler den Fragebogen schriftlich ausfüllen.

> Erwartungen kennenlernen

Erwartungen der Wirtschaft

Angeblich ist es für viele schwierig, sich unter der betrieblichen Realität etwas vorstellen zu können. Praktika sind da schon eine sehr gute Hilfe. Um zu erreichen, dass sich die Schüler in die Welt der Wirtschaft hineindenken, lasse ich diese zwei kurzen Aufsätze schreiben.

Übung dazu

1. Ich gründe ein kleines Transport-Unternehmen. Was muss ich da besonders gut können, damit ich viele Kunden bekomme?
2. Ich habe immer mehr Kunden. Ich benötige Personal. Was sollen denn meine neuen Mitarbeiter besonders gut können, wie sollen sie sich im Unternehmen verhalten?

Das Formulieren sei für Hauptschüler eine große Herausforderung, Mathematik sei da leichter, sagte mir eine Rektorin.

Es wird zur Zeit im Landkreis überlegt, teils schon probiert, im Rahmen eines Pilotprojektes Schüler über eine längere Zeit, jeweils einen Tag pro Woche in einem Betrieb praktizieren zu lassen. Der Schülersoll dabei ein möglichst realistisches Bild von der Arbeitswelt bekommen. Bleibt zu hoffen, dass dann die wichtigen Schulfächer wie Mathematik und Deutsch nicht völlig auf der Strecke bleiben. Wohlgemerkt, wir haben es eher mit schwachen Schülern zu tun und die Berufsschule wird später viel verlangen.

Die Erwartungen der Ausbildungsbetriebe

Hier eine Auswahl von Erwartungen von Ausbildungsbetrieben an Bewerber für Ausbildungsplätze, die für Absolventen mit Quali erreichbar sind:[4]

Speditionskaufmann/frau … (2009)
Ihr Profil: Ausgeprägte Kommunikations- und Teamfähigkeit; gute Deutsch-, Englisch- und PC-Kenntnisse; Neugier auf fremde Kulturen; selbstständig und flexibel
Wir erwarten von Ihnen: Hauptschulabschluss mit guten Leistungen in den Fächern Mathematik und Deutsch; Kunden- und Serviceorientierung; Eigeninitiative und Zuverlässigkeit; schnelle Auffassungsgabe und Transfervermögen.

[4] http://www.meinestadt.de/x/

Bürokaufmann/frau ... (2009)
Erwartung: Teamgeist, gute Auffassungsgabe, Selbstständigkeit im Arbeiten, gute Kommunikationsfähigkeit, Verantwortungsbewusstsein, Offenheit für den Ökologischen Landbau, MS-Office-Grundkenntnisse, gute Englischkenntnisse in Wort und Schrift.
Betriebsart: ökologischer Landbau

Maschinen und Anlagenführer/in
Voraussetzungen: Guter Schulabschluss (Qualifizierender Hauptschulabschluss oder Mittlere Reife), Aufgeschlossenheit, Teamfähigkeit, schnelle Auffassungsgabe, technisches Verständnis, räumliches und farbliches Denken, handwerkliches Geschick, Eigeninitiative, Selbstverantwortung, Bereitschaft zu versetzten Arbeitszeiten, sicherer Umgang mit den gängigen Office-Programmen.

In der Sprache der Wirtschaft sind das die Ergebnisse, die nach der 9. Klasse erreicht sein müssen. Eine Herausforderung für Schüler, Eltern, Lehrer und Bildungspolitik.

Selbsteinschätzung – Vergleich mit anderen

Wer von sich viel hält, hat ein gutes Selbstwertgefühl. Und wenn das auch noch den Tatsachen entspricht, dann kann man nur gratulieren. Es gibt nichts Wertvolleres, als wenn ein junger Mensch Ziele und Wünsche auf so einer Basis entwickeln kann. Natürlich im Rahmen der Reichweite der eigenen Begabungen und des eigenen Durchhaltevermögens.

Wunsch und Wirklichkeit – wissenschaftlich aufbereitet sieht das dann so aus:
Der folgende Ausschnitt aus einem Test des gevainstituts (Unterstützung bei der Berufsfindung auf Basis ermittelter eigener Stärken und Schwächen) zeigt in systematischer Form, wie ein Kandidat bei beruflich relevanten Kriterien gegenüber allen anderen vergleichbaren Schülern, die diesen Test gemacht haben, abschneidet. Das gibt schon sehr interessante Orientierungspunkte für den/die Betreute/n selbst, über seine/ihre Stärken und Schwächen nachzudenken und sie in seine/ihre Berufssuche einzubauen.

Positionen finden

gevainstitut

Leistungs-Profil:
Ihre Ergebnisse im Vergleich mit anderen

Mit dem Leistungstest prüfen wir Ihre grundlegenden Fähigkeiten und Fertigkeiten. Denn um eine Aufgabe erfolgreich zu bewältigen, brauchen Sie nicht nur Motivation, sondern auch Können. Fehlt eine der beiden Komponenten, ist der Erfolg ungewiss. In vielen Berufen sind einer oder gleich mehrere der hier genannten Leistungsbereiche unverzichtbar. Sie müssen nicht die 100-Prozent-Marke erreichen. Aber in den für „Ihren" Beruf wichtigen Bereichen sollten Sie mindestens so „gut" sein wie Ihre Vergleichsgruppe, die Ihrem Alter entsprechend ausgewählt wurde.

Übrigens: Interessen können sich ändern. Und Fähigkeiten lassen sich trainieren. Das Allgemeinwissen können Sie z.B. Ihr ganzes Leben lang ausbauen. Ein unterdurchschnittliches Ergebnis in einem Leistungsbereich muss also nicht unbedingt heißen, dass bestimmte Berufe für Sie niemals in Frage kommen werden. Aber Sie sollten in einem solchen Falle selbst ein dickes Fragezeichen setzen: Traue ich mir das wirklich zu? Oder eben ein dickes Ausrufezeichen: Hier muss ich noch etwas tun!

Ihr Ergebnis
Vergleichsgruppe

	0 10 20 30 40 50 60 70 80 90 100 %	
Mathematisches Denken		28,0 % 38,9 %
Schlussfolgerndes Denken		24,0 % 41,6 %
Verbale Gewandtheit, Sprachliches Verständnis		23,0 % 38,5 %
Räumliche Orientierung		58,0 % 61,1 %
Konzentrationsleistung		38,0 % 29,8 %
Allgemeinwissen		47,0 % 49,7 %
Mechanisches Verständnis		18,0 % 45,5 %

Mathematisches Denken

Hierzu gehören die Zahlenreihen, die Rechenaufgaben mit Symbolen und die Textaufgaben. Die Rechenfertigkeit lässt sich relativ leicht trainieren.

Im Bereich mathematisches Denken liegen Sie unter dem Durchschnitt Ihrer Vergleichsgruppe. Der Mathematik-Unterricht ist häufig recht abstrakt. Suchen Sie sich solche Aufgaben, in denen der Bezug des Rechnens zu Ihrer Alltagswelt deutlich zutage tritt. Davon werden Sie stark profitieren.

Schlussfolgerndes Denken

Darunter fallen die Aufgaben Buchstabenreihen, "Welche Figur muss an der leeren Stelle eingesetzt werden?" und "Wie würden Sie vorgehen?". Das Ergebnis zeigt, wie gut Sie sich auf neue und ungewohnte Aufgaben einstellen. Je anspruchsvoller die Tätigkeit, umso wichtiger ist diese Fähigkeit. Sie lässt sich trainieren, indem Sie sich neuen Herausforderungen stellen. Trauen Sie sich auch einmal, bisher unbekannte Wege zur Problemlösung zu beschreiten.

Beim schlussfolgernden Denken liegen Sie unter dem Durchschnitt Ihrer Vergleichsgruppe. Neuartige und ungewohnte Aufgaben fallen Ihnen schwer. Sie kommen besser zurecht, solange alles in vertrauten Bahnen läuft und seinen geregelten Gang geht.

Dieser informative (und erschwingliche) geva-Test, also der Vergleich des Kandidaten mit einer Referenzgruppe, mag in manchen Fällen sinnvoll sein. Lebens- und Berufserfahrung des Coachs helfen da auch weiter. **www.geva-institut.de.** Er ist keineswegs der endgültige Befund, liefert aber sehr gute Denkansätze.

Berufswünsche

Berufswunsch und Fähigkeiten in Übereinstimmung zu bringen, ist der Idealfall. Dem Coach stellt sich auch die Aufgabe, wenn nötig, das erst zusammen zu führen. Nach meiner Erfahrung hatten 80 % meiner Betreuten eine sehr realistische Einschätzung bezüglich ihrer Fähigkeiten und was damit erreichbar ist.

Aber es gibt auch jene, die zunächst noch keine Übereinstimmung zwischen Zielen und eigenen Möglichkeiten gefunden haben. Sie müssen sich erst dahin tasten: Was kann ich leisten, wozu bin ich befähigt? Und: Sehen das andere auch so? Hier Hilfestellung zu geben ist eine der vornehmsten Coaching-Aufgaben. Falsche Vorstellungen sind einer der Hauptgründe für Scheitern in der Ausbildung. Und ebenso führt falsche Einschätzung der eigenen Möglichkeiten später zu Enttäuschungen auf allen Seiten.

Behutsamkeit ist gleichwohl angesagt. Der Extremfall „ich möchte Rechtsanwalt werden" tritt durchaus auch auf. Grenzwertiger ist es dann beim berühmten „Mechatroniker", da relativ viele glauben, dass sie das könnten. Ausgeschlossen ist es für den Hauptschüler nicht, aber Realschüler haben da in aller Regel die besseren Chancen, ihrer besseren Mathematikkenntnisse wegen.

Wie kann der Coach bei diesem Justiervorgang vorgehen?

Genau über das Berufsbild sprechen, die Voraussetzungen dafür aufzeigen, dies mit Noten und Praktikums-Zeugnissen vergleichen. Alternativen aufzeigen, wenn man selbst einem so vorgetragenen Wunsch keine Chance gibt und vor allem darauf hinweisen, dass die Lehrstelle ein Tor ist, durch das man auf alle Fälle gehen sollte. Viele neue Möglichkeiten öffnen sich damit wieder.

Nie vergessen, der Ansatz heißt: Der Wunschberuf und seine Alternativen. Das sollte man zu Beginn keinesfalls aus den Augen verlieren. Je mehr Optionen gangbar sind, desto besser für die Ausbildungsplatzsuche.

Unbedingt sollte der von der Bundesagentur für Arbeit angebotene, computergestützte Abgleich zwischen Berufswunsch und Fähigkeiten gemacht werden.

Positionen finden

Ist der Berufswunsch immer noch schwankend, wird nochmals von vorne, beginnend mit den Neigungen über die möglichen Berufsbilder, die Schulnoten und die Praktikabeurteilungen, eine Neubewertung durchgeführt. Die richtige Weichenstellung hier ist von eminenter Bedeutung.

Im Coaching muss gezeigt werden, dass es neben der „Direttissima", um alpin zu sprechen, auch die vielen Serpentinenwege gibt, die genau so zum Ziel führen können. Aber langsamer. Oder eben auch auf einen benachbarten, nicht so hohen Gipfel. Es geht dann weiter: Ziel ist, dass der Schüler am Ende selbst die richtigen Schlussfolgerungen für die Berufswahl ziehen kann.

Das deutsche Bildungssystem ist sehr durchlässig für all jene, die sich Ziele setzen und verstehen, dass man mit Fleiß weit kommt.

Man kann auch zu pessimistisch sein. Wie es mir bei einem Jungen, der technisches Produktdesign machen wollte, passierte. Auf Nachfrage in meiner eigenen Firma, ob denn Hauptschüler in diesem Berufsbild überhaupt eine Chance hätten, winkte man ab, ohne Realschulabschluss praktisch hoffnungslos, ganz selten gäbe es mal Hauptschüler und dann nur mit einem Mittleren Abschluss. Also bewarben wir uns zunächst vor allem für das „zweidimensionale" technische Zeichnen. Und doch, er hat dann seinen Traumjob realisieren können: Er bekam eine Ausbildungsstelle als technischer Produktdesigner. Nicht zuletzt, wie man mir sagte, hat neben passablen Noten sein freundliches, höfliches und aufmerksames Auftreten beim Vorstellungsgespräch eine wichtige Rolle gespielt.

Dieser Fall soll für Coachs eine Mahnung sein, einen Kandidaten nicht zu schnell von seinen Zielen abzubringen. **Die Kraft der Begeisterung ist der Treibstoff, der uns im Leben weiter bringt.**

Als Coach muss man die Kraft der Motivation nutzen und ein Konzept haben, von dessen Tragfähigkeit man überzeugt ist. Misserfolge sind dabei kein Beweis des Gegenteils. Es ist wichtig, jungen Menschen, die von zu Hause keine Ermutigung bekommen haben, wenigstens eine Idee zu geben, dass das eigene Schicksal beeinflussbar ist und wie ein Weg dazu aussehen könnte.

Über Neigungen und Fähigkeiten kann man noch mal sprechen und sie gegebenenfalls prüfen. Hierzu gibt es eine Checkliste (siehe S. 59 ff.). Der Schüler soll sich das in Ruhe ansehen und sich selbst einschätzen. Dann ist zu prüfen, ob diese Neigungen und Kenntnisse mit dem Berufswunsch harmonieren oder nicht.

Selbsteinschätzung

Selbsteinschätzung Stärken (siehe auch Computermodell der Bundesagentur für Arbeit)

Trage deine Einschätzung ein, so wie du dich selbst siehst (**I**) bzw. (**A**) wie dich andere, Eltern, Freunde etc. beurteilen würden.	Erfahrungen bisher Hast du den Begriff verstanden?	Sehr gut/ sehr stark/ sehr gerne	ganz o.k.	Lieber nicht/ noch nicht gelernt
Neigung				
Technisches Verständnis, Freude an Maschinen, technischen Anlagen				
Freude am Gestalten				
Freude an körperlicher Arbeit				
Freude am Arbeiten mit Materialien, der Produktion				
Freude am Beraten, Unterstützen, Dienst erbringen				
Soziales Engagement				
Freude an der Arbeit mit Computern				
Freude an Mathematik & Naturwissenschaften				
Interesse an kaufmännischen Themen				
Freude an Elektronik				
Kann gut mit anderen Menschen				
Geschick				
Freude an kaufmännischen Tätigkeiten				
Handwerkliches Geschick				
Geduld, Ausdauer				
Gute Ausdrucksweise				
Konzentrationsfähigkeit				
Verhandlungsgeschick				
Kraft				
Gutes Kalkulieren				
Organisationstalent				
Augenmaß, kann gut abschätzen				

Positionen finden

Persönliche Merkmale	Begriff verstanden	Sehr gut	Normal	Schwächer
Räumliches Vorstellungsvermögen				
Gute Beobachtungs-, Auffassungsgabe				
Systematik				
Kostenbewusstsein				
Sinn für Ästhetik				
Selbstständigkeit/Zuverlässigkeit				
Verantwortungsbewusstsein				
Teamfähigkeit				
Selbstsicherheit/starker Charakter				
Durchsetzungsvermögen				
Einfühlungsvermögen				
Sorgfältigkeit/Ordnungsliebe				
Flexibilität				
Allgemeinbildung				
Freundlichkeit				
Kritisches Denken				
Vorstellungsvermögen				
Lernbereitschaft				
Anpassungsfähigkeit				
Zielstrebigkeit/Schnelligkeit				
Freude am Lesen				
Sprachbegabung				
Gutes Gedächtnis				
Stabile Gesundheit				
Kontaktfreude				
Belastbarkeit				
Gepflegte Erscheinung/Hygiene				
Allergiefreiheit				
Entscheidungsfreude				
Schwindelfreiheit				
Interesse an sozialen & politischen Fragestellungen				
Qualitätsbewusstsein				
Gute Farbsehfähigkeit				
Gutes Gehör				
Witterungsunempfindlichkeit				
Bereitschaft für längere Abwesenheit				
Freude am Kochen				
Guter Geruchs- und Geschmackssinn				

Positionen finden

Testmöglichkeiten für Beruf vs. eigene Fähigkeiten und Kenntnisse

	Selbstcheck im BERUFE-UNIVERSUM des BIZ	geva-institut Eignungstest Berufswahl B		SIEMENS JONA
		Papier	Online	
Dauer in Min., ca.	60	120 – 180		90 – 120
Kosten (€)	gratis	50,50 *)	38,00	gratis
Auffindbarkeit & Zugang	komplex	einfach		einfach
Schwierigkeitsgrad	niedrig	mittel		hoch
Führung durch das Programm	einfach	einfach		einfach
Verständlichkeit/Erläuterung	gut	mittel		sehr gut
Betreuung beim Ausfüllen sinnvoll	ja	ja		ja
Ergebnisverfügbarkeit	sofort	14 Tage	sofort	sofort
Interpretationshilfe Ergebnis	unbedingt	unbedingt		unbedingt
Aussagekraft	gut	sehr gut		gut
Hotline vorhanden	ja	möglich		nein
Web-Adresse	www.planet-berufe.de	www.geva-institut.de		www.siemens.de/jona

*regulärer Einzelpreis

Gesamtbewertung:
1. Den Test im „Planet Berufe" jedenfalls machen, das ist schnell, kostengünstig und Aussagen sind brauchbar.
2. Der Siemens Test ist gut für Schüler mit guten Noten. Bei schwächeren Schülern muss man klar machen, dass im Eignungstest schon das Ergebnis mit zwei Sternen eine gute Leistung ist.
3. Der gevatest ist das „Premium-Produkt" aber auch sehr gut als Zusatz, wenn bei Planet Berufe nichts Eindeutiges herauskommt, oder generell als Kontrolle.

Auf jeden Fall sind alle Testergebnisse mit den Schul- und Praktikumszeugnissen abzugleichen.

Informationsstand: Mai 2010

Positionen finden

Arbeitsschritte beim „Planet Berufe", Stand Mai 2010

www.planet-berufe.de/

Startseite BERUFE-UNIVERSUM, das Testsystem der Bundesagentur für Arbeit

Rechts im Globus: „Checke deine Talente" anklicken (Achtung, der Spruch im Globus wechselt!). „Checke deine Talente" erscheint immer nur in Abständen!

Es erscheint der blaue Kreis und darüber die 6 Schritte des Tests:

1. Start / 2. Interessen / 3. Stärken / 4. Verhalten / 5. Schulstärken / 6. Ergebnis

1. Willkommen im Berufe-Universum
2. Kurze Erläuterung
3. „Begleiter" auswählen, auf eine Comic-Figur klicken
4. Persönliche Daten des Schülers eingeben
5. Infoscreen – berufliche Interessen
6. Berufliche Interessen auswählen und in den rechten Bereich nach Wichtigkeit einordnen
7. Erstes Zwischenergebnis ausdrucken
8. Infoscreen – berufliche Stärken
9. Berufliche Stärken, 15: alle ankreuzen und sich um den Lampenbutton nochmals die Bedeutung erklären lassen
10. Zweites Zwischenergebnis ausdrucken
11. Infoscreen – Talente
12. Persönlichkeit: Zuneigungen, Abneigungen
13. Schulsituation: Stärken in den Hauptfächern angeben
14. Infoscreen – zum Ergebnis
15. Hier sind deine Berufe
16. Ausdruck
17. Passwort speichern für spätere Weiterbearbeitung

Das geht ganz einfach, nur das Auffinden ist am Anfang etwas hakelig.

Wie kommt man an den Wunsch-Job ran?

Die Bewerbungsphase

Ausbildungsplatzsuche   64

Datenbanken   65

Ausbildungsplatzangebot analysieren   66

Firma kennenlernen   67

Bewerbungsunterlagen erstellen   67

Vorbereitung auf das Bewerbungsgespräch   68

Kontaktverfolgung   69

Zu diesem Themenkreis gibt es sehr viel Literatur und Internetadressenund natürlich das ganze Angebot der Bundesagentur für Arbeit. Ich möchte hier nur auf einen akribisch im Stile eines Qualitätshandbuchs ausgearbeiteten Leitfaden für den Bewerbungsprozess hinweisen:
JOB-REIF, LANGWASSER: „Ein Ausbildungsplatz ist jede Mühe wert", siehe Internet.

Vorbereitung auf das Bewerbungsgespräch
Hier hat sich in den letzten Jahren viel verbessert, die Schulen gehen strukturierter und ausführlicher auf dieses Thema ein, der Coach kann gut auf dieser Grundlage aufbauen.

Suche und Bewerbung

Ausbildungsplatzsuche

Die Datenlage hat sich im Laufe der letzten fünf Jahre erheblich verbessert (Sicht 08/2009). Die Datenbanken (siehe Liste) sind aussagekräftiger geworden. Allerdings können sie nicht tagesaktuell gehalten werden. Nachfrage, ob ein Platz noch vorhanden ist, ist daher sehr sinnvoll, bevor man eine Bewerbung abschickt.

Mein Vorgehen: Zunächst versuche ich es über den lokalen Arbeitsmarkt. Beim Sozialreferat der Stadt, das jedenfalls in Germering eine Liste mit ausbildungsbefähigten Firmen anbieten kann. Die meisten Stellen sind in der Regel bei der Bundesagentur für Arbeit hinterlegt. Daraus bedient sich offenbar auch die sehr nutzerfreundliche Datenbank „MeineStadt.de". Parallel machen die Betreuten ebenfalls diesbezügliche Recherchen.

Ein persönlicher Wunsch aus Sicht des Jahres 2010:

Es wäre sehr hilfreich, wenn die örtlichen Gewerbeverbände noch etwas mehr in Sachen Ausbildungsplatzvermittlung machen würden. Ausbildungsplatzprobleme, noch dazu in einer Region, die nachweisen kann, dass sie rein rechnerisch für jeden Suchenden einen Platz hat, sind aus meiner Erfahrung auch auf immer noch mangelnde Markttransparenz sowohl auf der Angebots- als auch auf der Nachfrageseite zurückzuführen. Die Gründe sind mir nicht recht einleuchtend. Oft wird von den Arbeitgebern die Angst genannt, von unpassenden Bewerbungen überschüttet zu werden, was dann einfach zuviel Zeit koste.

Nun, es läge an den Gewerbeverbänden (bzw. dem Verband der Selbstständigen), z. B. mit Hilfe ehrenamtlicher Wirtschaftssenioren oder auch der Coachs, eine Vorauswahl treffen zu lassen. Außerdem sehe ich in aufkommenden lokalen elektronischen Branchenbüchern eine Plattform, die, wenn richtig gemacht, für alle Beteiligten eine Win-Win-Situation erzeugen könnte. Die einen sollten klar sagen, was sie erwarten, die anderen könnten auf kürzestem Wege sehen, was der Markt bietet und verlangt und worauf sie sich bewerben sollten. Hier sollten die lokalen Gewerbeverbände aktiv werden.

Auf der anderen Seite könnte an den Schulen noch mehr getan werden, um die Schüler, z. B. mit Hilfe der Bundesagentur, zu ertüchtigen, die drei entscheidenden Datenbanken in der Region auch wirklich gekonnt zu nutzen. Das scheint mir, könnte noch besser werden.

Wird man im Ort nicht fündig, dann kann man mit den genannten Datenbanken bis 30 km im Umkreis nach Ausbildungsplätzen suchen, das ist verkehrstechnisch noch machbar. Ich persönlich habe damit in den letzten vier Jahren nur die allerbesten Erfahrungen sammeln können. An Ausbildungsstellen hat es bei mir nie gefehlt, das war bisher das kleinste Problem.

Weitere Hinweise gibt es über kommunale Netzwerke, Datenbanken der IHK, Handwerkskammern, Innungen und Gewerbeverbände. Manche Datenbanken sind leider schlecht gepflegt. Dies war bisher (bis 2009) vor allem bei der Datenbank der Handwerkskammer meine Erfahrung. Man bedenke, wenn man schon den Aufwand treibt, so etwas einzurichten, dann muss es perfekt sein. Zweimal eine Niete gezogen zu haben veranlasst einen, diese Datenbank nie mehr zu nutzen und der ganze gut gemeinte Aufwand war umsonst. Ich bin sicher, dass auch hier die Qualität weiter verbessert werden wird.

Wichtige Datenbanken

Informationen über Ausbildungsberufe

http://www.berufskunde.com
http://www.bibb.de/
http://www.berufenet.arbeitsagentur.de/berufe/index.jsp

Lehrstellenbörsen

http://jobboerse.arbeitsagentur.de/
http://www.hwk-muenchen.de/74,0,lbsearchjob.html
http://www.meinestadt.de/muenchen/lehrstellen/
Anfrage bei dem für das Gewerbe zuständigen Stadtrat bzw. beim örtlichen Gewerbeverband

Eignungstests

www.wassollwerden.de/Wer_bin_ich_/Psychotrip.html
www.planet-berufe.de/
www.geva-institut.de/
www.siemens.de/jona

Stand Mai 2010. Es versteht sich von selbst, dass so eine Liste lebt und regional unterschiedlich ist. Im Zweifelsfall kann die Bundesagentur für Arbeit Hinweise geben.

In Bad Tölz setzen sich die Coachs in die Schule und üben mit den Schülern den Gebrauch der Datenbanken. Es geht um die Suche nach Berufsbildern und nach Ausbildungsplätzen. Ismaning wiederum sorgt in vorbildlicher Weise mit einer von Coachs erstellten Website über Praktikums- und Ausbildungsplätze für Markttransparenz im unmittelbaren Umfeld. In Germering ist geplant, Ausbildungs- und Praktikumsplätze in das lokale elektronische Bran-

Suche und Bewerbung

chenbuch zu intergrieren. Es ist Fakt, dass das lokale Ausbildungsplatzangebot aus diversen Gründen nicht vollständig von der Bundesagentur für Arbeit erfasst wird.

Die Ausbildungsplatzangebote analysieren

Hat man ein passendes Ausbildungsplatzangebot gefunden, ist es notwendig, sich die Tätigkeit und die Anforderungen genau anzusehen. Es wird zwar meist nichts ganz so heiß gegessen, wie es gekocht wird, aber die Ausbildungsplatzanbieter wollen eben auch das Beste für sich erreichen. Wenn ein Aspirant aber an einem wichtigen Punkt einen guten Eindruck macht, dann ist man wohl bereit, bei Schwächen an anderer Stelle großzügiger zu sein. Deshalb ist es so wichtig, auch aus dem Firmenprofil (siehe nächster Punkt) herauszulesen, worauf die Firmenkultur Wert legt. Das ist so beim Mittelständler, im Handwerk könnte das eher vom Coach vorab mit dem Meister besprochen werden.

Faktum ist auch, dass die Ausbildungsstellen, die den Quali nicht erfordern, abnehmen. Also ist auch hier genau in Erfahrung zu bringen, ob der Quali ein MUSS ist. Darüber hinaus muss in den Schulen, und zwar schon in der 8. Klasse, alles getan werden, um den Quali zu erreichen.

Spenglerlehrlinge, die bei mir im Hause beschäftigt waren, erzählten, wenn sie nur gewollt hätten, wäre der Quali ohne weiteres „drin" gewesen.

Ich finde es in diesem Zusammenhang eine sehr gute Idee, dass das Handwerk sich dafür ausgesprochen hat (Sommer 2009), Jugendlichen mit Migrationshintergrund den Weg in die Handwerksberufe aktiv zu öffnen. Dies erscheint mir ein sehr sinnvoller Weg nicht nur zu Ausbildungsplätzen, sondern auch zur Integration. Aber wie immer, mit einer Absichtserklärung ist noch nicht alles getan. Gewerbe, Handwerk und Schulen sollten etwas konkreter die vorgestellte Idee ausarbeiten und auch umsetzen (Stand 2010).

Die Firmensuche

Es gibt auch die Möglichkeit der Blindbewerbung, bei der man Firmen sucht, die von der Branche und der Lage her in Frage kämen. Auch das habe ich bereits mit Erfolg betrieben. Industrie- und Handelskammer und Branchenbücher sind dabei hilfreich.

Die Firma kennenlernen

Firmenwissen ist sehr hilfreich. Z. B. sollte man die „Wir über uns"-Seite auf deren Firmenhomepage ausdrucken. Dort findet man die Charakteristika einer Firma, ihre Ansprüche und Werte, die man kennen und verstehen muss. Aus diesem Fundus ist ein Verständnis für die Firma zu erarbeiten und die firmenbezogenen Passagen im Anschreiben damit zu gestalten. Ganz wichtig ist auch die Kenntnis der wichtigsten Produkte, denn das sind beliebte Fragen beim Vorstellungsgespräch. Und nichts ist so blamabel, wie nichts über die Firma und deren Produkte und Dienstleistungen zu wissen, der man sich gerade als künftiger Mitarbeiter anpreist. Oft ist es hilfreich, wenn der Coach im Vorfeld Informationen über die angebotene Ausbildungsstelle einholt.

Die Bewerbungsunterlagen

Ohne die Kenntnis des konkreten Ausbildungsplatzes können diese Hinweise nur allgemein sein.

Anschreiben
1. Wie habe ich die Stelle gefunden?
2. Welcher Art ist der zu erwartende Schulabschluss
3. Wissen zum Berufsbild andeuten
4. Argument, warum ich besonders gut für die Stelle geeignet bin
5. Motivation klar zeigen
6. Auf passende Praktikaerfahrungen hinweisen
7. Auf Fächer mit den besten Noten hinweisen
8. Andeuten, dass man die Firma (Produkte, Stärken) kennt
9. Zu erkennen geben, dass man gerne zur Probe arbeiten würde

Lebenslauf
Achtung auf die Berücksichtigung außerschulischer Leistungen und dort erworbener Kenntnisse sowie auf die verbalen Zeugniskommentare (Muster siehe unter Arbeitshilfen Schüler, S. 112).

In den Schulen wird heute schon sehr gut vorgearbeitet. Trotzdem ist es ein absolutes MUSS, will man die Bewerbung noch erfolgsträchtiger machen, sie auf die konkrete Stelle und die konkreten Firmenanforderungen und -werte zuzuschneiden.

Suche und Bewerbung

Ein MUSS: Die Anrede nie anonym halten (meine Damen und Herren), es ist immer der Name des oder der Zuständigen vorher in Erfahrung zu bringen.

Bewerbungsunterlagen im schulischen Training: Die Schulen bemühen sich ja und das ist nötig und soll so bleiben, aber es fehlt ihnen doch der intensive Kontakt zur „leibhaftigen" Wirtschaft. Da ist ein Coach schon nützlich. Rohde & Schwarz: „Uns hat die Bewerbung gut gefallen, man merkt einfach, dass da nicht in einem Standardtext nur die Adresse ausgetauscht worden ist".

Man kann diese intensive Unterstützung von der Schule, die ja unter großem Zeitdruck steht, nicht immer verlangen. Wohl aber von Eltern, die sich mit der beruflichen Zukunft ihrer Kinder, die oft erst 15 Jahre alt sind, auseinanderzusetzen haben und zwar nicht nur mit Kritik und Appellen, sondern mit fundierten Informationen. Fakt jedoch ist, dass dies oft nicht der Fall ist, und dem Coaching diese Aufgabe zufällt.

Meine Erfahrung: Jeder Schüler hat Stärken und Leistungen aufzuweisen. Die Wirtschaft geht nicht nach Schema F vor. Sie würdigt alle Aspekte einer Person, die auf Verantwortung, Kreativität, Darstellungsvermögen, Durchhaltewillen, soziales Engagement, Höflichkeit und gutes Benehmen hinweisen. Sie wertet beileibe nicht nur die Noten.

Abschicken der Bewerbung

Im Bewerbungsprozess ist die Nachfrage, ob der Platz noch vorhanden ist, eine der Standardaufgaben. Es gilt, jede Absage – also jede unnötige Enttäuschung – zu vermeiden und sei es nur aus diesem Grunde.

Meine Regel: Eine Bewerbung geht nur an die Firma, wenn sie der Coach gesehen hat und geprüft wurde, ob der Ausbildungsplatz überhaupt noch vorhanden ist.

In diesem Zusammenhang möchte ich darauf hinweisen, **wie positiv Ausbildungsplatzanbieter es aufnehmen, wenn sie merken, dass ein/eine Schüler/in betreut wird,** die Gesprächsbereitschaft ist dann erheblich besser.

Vorbereitung auf das Bewerbungsgespräch

Auftreten, Einstellung, Kleidung, Benehmen üben wir in der Regel vorher. Die Beurteilungskriterien der Firmen werden mit den Betreuten durchgesprochen.
Wenn die entsprechende Ausrüstung greifbar ist, sollte man ein Videotraining machen (für weitere Hinweise siehe Arbeitshilfen Schüler, S. 116 ff.).

Die Kontaktverfolgung

Nachfragen, was aus abgegebenen Bewerbungen geworden ist.

Hier ist eine Excel-Tabelle sehr praktisch. Links senkrecht werden die Firmen eingetragen. Oben im Tabellenkopf steht der Ansprechpartner, seine Telefonnummer, der Ausbildungsplatz, die Firmenadresse und dann eine Spalte mit der Zahl und dem Datum der Anrufe, sowie eine Bemerkungsspalte, in der in Stichworten die letztgültige Aussage der Firma eingetragen wird (siehe auch Seite 114).

Eine solche Kontaktverfolgung ist absolut notwendig, um den Überblick über die Lage zu bewahren, wenn man mehr als zwei Bewerbungen verschickt. Nach meiner Erfahrung sollte das erste Bewerbungspaket fünf oder mehr Bewerbungen enthalten.

Eine Zusage ist noch nicht der Ausbildungsvertrag

Wenn der Jugendliche sicher ist, diesen Arbeitsplatz annehmen zu wollen, und der Arbeitgeber mündlich zugesagt hat, dann ist bestimmt, aber höflich darauf zu dringen, dass rasch eine Bestätigung in irgendeiner formlosen, aber schriftlichen Form abgegeben wird. Es kann praktischerweise eine E-Mail sein.

Damit wäre dann der Coachingprozess zu einem guten Ende gekommen, für alle Beteiligten ein erfreuliches Ergebnis. Viel Erfolg wünsche ich all jenen, die sich darauf einlassen und damit dem Einzelnen und der Gemeinschaft einen Dienst erweisen.

„Patriotismus ist einfach füreinander da sein", so formulierte es einmal Hans-Ulrich Jörges, ein leitender Redakteur des *Stern*.

Das ist der Kern der Aufgabe „Coaching".

Wie packe ich das ganz konkret an?
Wie haben das andere gemacht?

Arbeitshilfen

Für den Coach
1. Verantwortung verständlich machen — 71
2. Motivation und Zielorientierung — 72
3. Das Unternehmen und seine Erwartungen — 78
4. Der 10-Stufen-Plan — 83
5. Den Betreuten kennenlernen – ein Gesprächsleitfaden — 85
6. Zeitmanagement — 87
7. Programm zur gezielten Notenverbesserung — 89
8. Wege, um Erfolg spürbar zu machen — 90
9. Visuelles Feedback — 91
10. Career training — 92
11. Praktikumszeugnis — 93
12. Ein humoriger Praxisbericht — 94
13. Die Coaching-Vereinbarung — 96
14. Selbstverpflichtung — 99
15. Materialsammlung Coach — 101
16. Checkliste: Habe ich etwas vergessen? — 103
17. Unterstützungswünsche der Schule — 105
18. Werbematerial — 108

Für Schüler und Coach
1. Eignungstest — 61
2. Anschreiben — 112
3. Lebenslauf — 113
4. Kontaktverfolgungsplan — 114
5. Checkliste für den Firmenbesuch — 115
6. Fragen des Personalbüros — 116
7. Fragen an den Ausbildungsplatzgeber — 117
8. Bewertung des Vorstellungsgesprächs — 118
9. Regeln für die Nachhilfe durch Dritte — 119
10. Quali-Kalkulation — 120

Einstellung und Erfolg

Verantwortungsübergang verständlich machen

Die sich wandelnde Rolle von Eltern und Schülern sollte bewusst gemacht werden

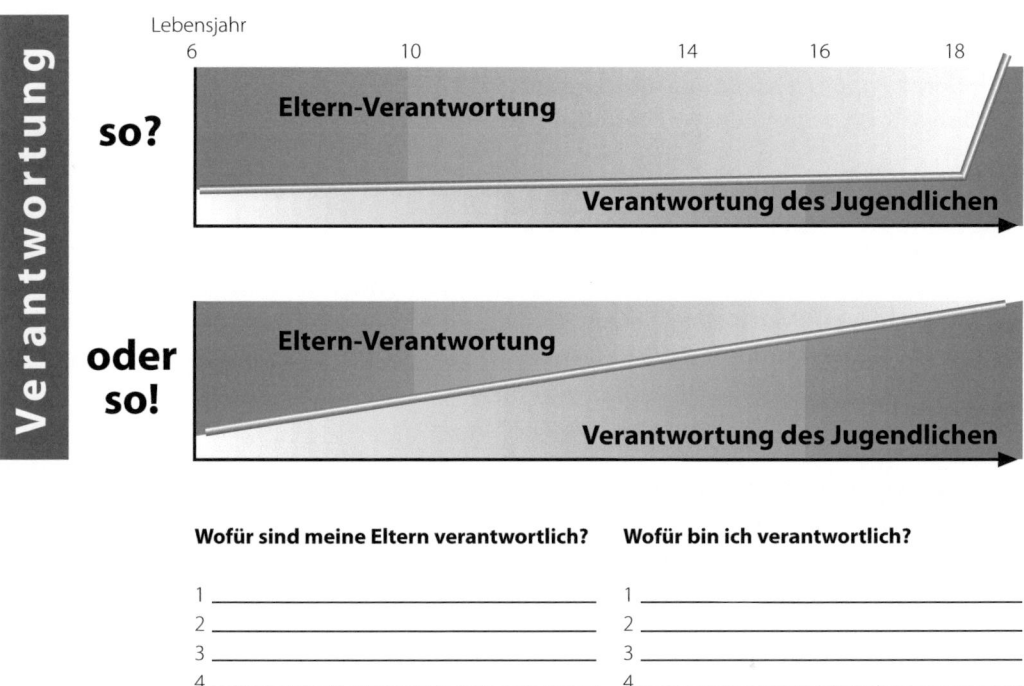

Verantwortung übernehmen bedeutet, Streit zu vermeiden und die eigene Persönlichkeit zu entwickeln. Oder ganz anders ausgedrückt: Wer mehr Taschengeld will, übernimmt auch mehr Verantwortung für sein Fortkommen in der Schule.

Einstellung und Erfolg

Die Botschaften im Coaching (1)

Motivieren:

- Zeigen, du bist mir wichtig, ich interessiere mich wirklich für dich!

Zielorientierung herbeiführen, Motivation erzeugen, also Zusammenhänge klar machen, die die eigene Energie mobilisieren können.

- Zielorientierung, ein zentraler Punkt zur Freisetzung von Energie und Motivation.
- Der Schulerfolg liegt sehr oft vor dem Berufserfolg.
- Positive Veränderungen in der 8. und 9. Klasse bringen künftig sehr große Vorteile.
- Die Schritte die der Jugendliche gehen muss, dürfen ruhig klein sein, solange sie stetig sind.

Nur der eigene Wunsch und Wille mobilisiert die Energie und Motivation, die den jungen Menschen dazu bringt, sein Leben zu gestalten, den Erfolg anzustreben.

Motivation und Zielorientierung

Nur Wünsche, Ziele und das Bewusstsein, einen Wert zu haben, sind die Orientierungspunkte.

Nur so kann Energie mobilisiert werden.
Denn: „Wozu sich anstrengen, wenn man nicht weiß, warum?"

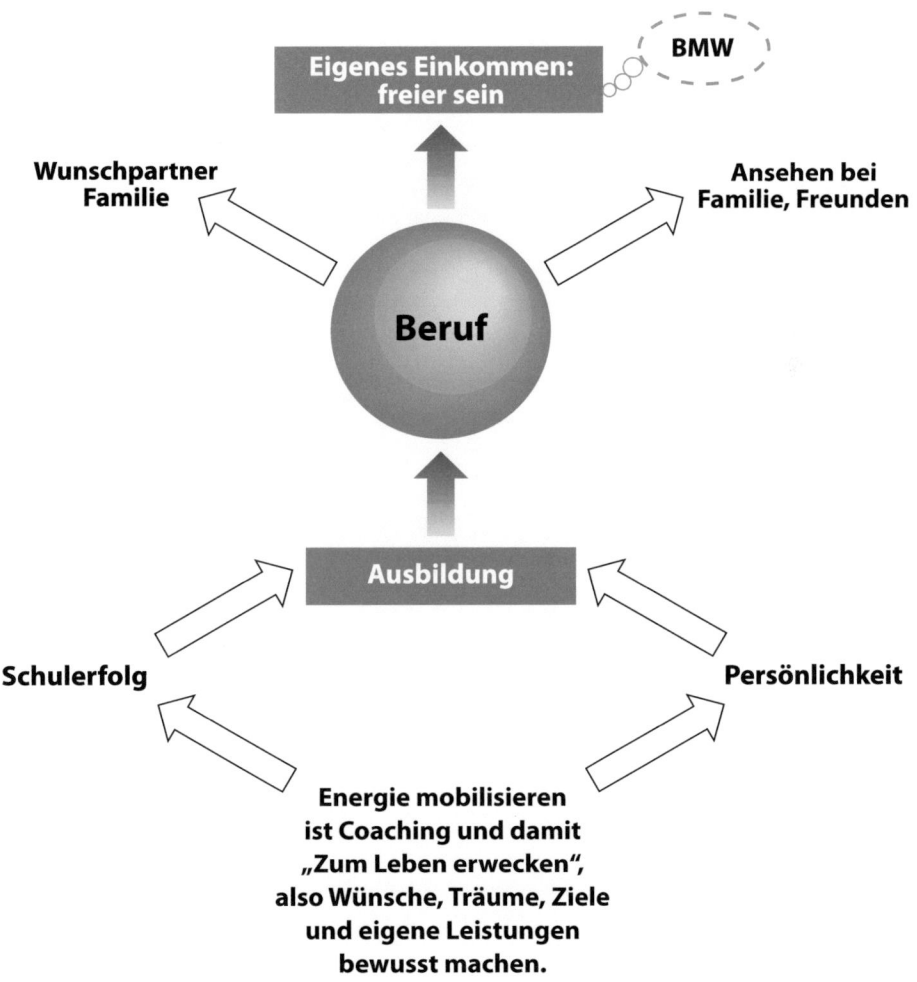

Motivation und Zielorientierung

Die Klärung mit sich selbst…

Vorstellungen und Wünsche sind der Treibstoff für Anstrengung und damit für die Aneignung von Kenntnissen und Fähigkeiten.

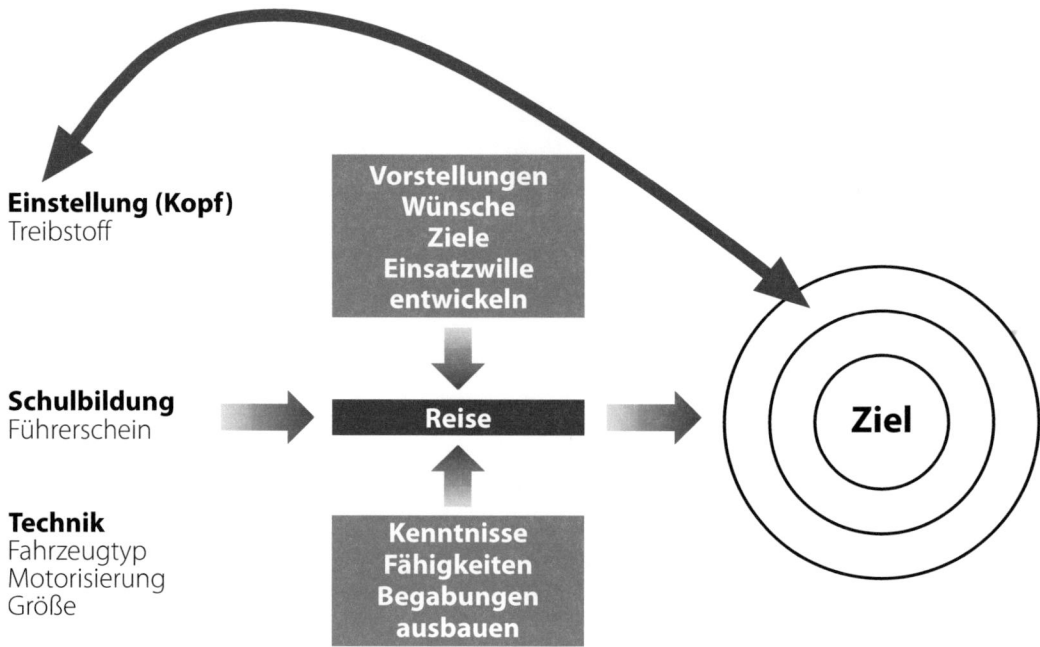

Einstellung (Kopf)
Treibstoff

Schulbildung
Führerschein

Technik
Fahrzeugtyp
Motorisierung
Größe

Es hat keinen Sinn, sich über mangelnde Chancen Sorgen zu machen, sondern es gilt, Fähigkeiten und Kenntnisse auszubauen und anzubieten.

Motivation und Zielorientierung

So früh wie möglich den erfolgreichen Weg mit dem Coach suchen

Das Leben zu ändern ist…

…früh viel leichter …später schwerer

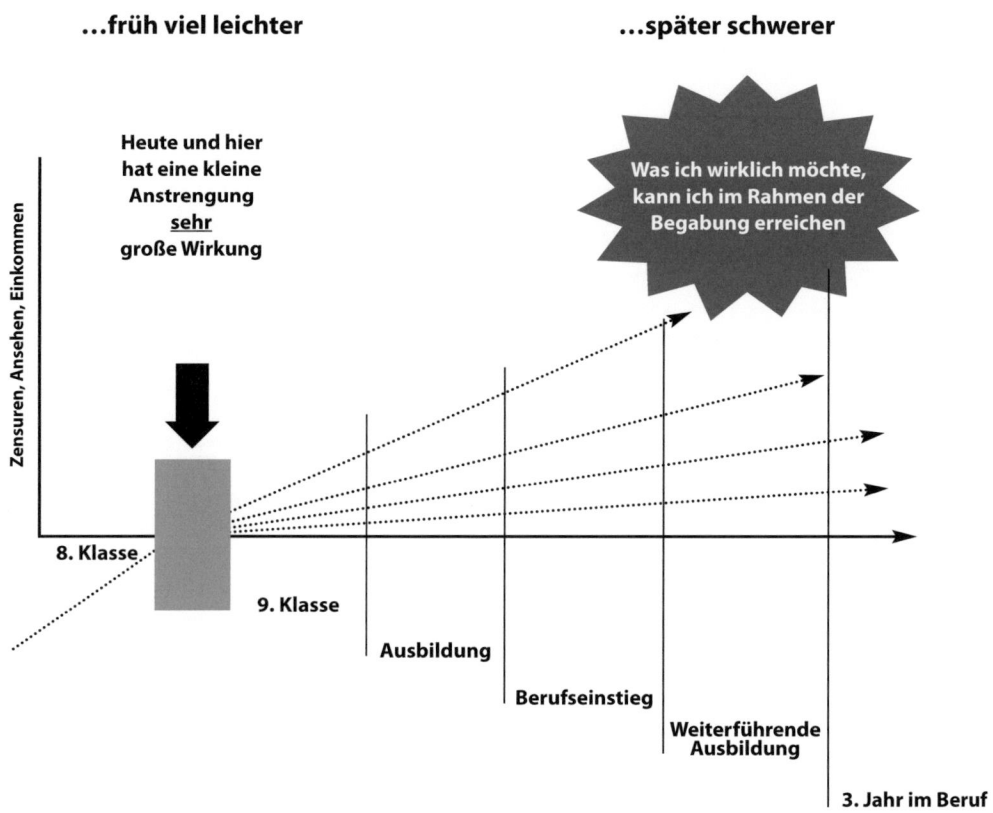

Der „Steigungswinkel" z. B. die Verbesserung der Noten, ist entscheidend:
Je intensiver du heute daran arbeitest, desto größer ist der Erfolg später, desto leichter ist er zu erreichen.

Motivation und Zielorientierung

Die Ziele mit den Pflichten verknüpfen

Ziel: Notenverbesserung/ Quali		Ziel: Berufsbild, Ausbildungsplätze
Bis Februar: Schulnoten gezielt verbessern Deutsch 2–3 Physik, Chemie, Biologie (PCB) 2–3 Im Zeugnis keine 4! Ostern Praktikum	**Bis 5. März:** drei mögliche Berufsbilder festlegen Bewerbungsunterlagen erstellen	**Arbeitspläne für die Woche mit dem Coach** Schule Bewerbung eventuell auch Sport: Fitness

Wöchentliche Rückmeldung: Was ist geschehen, was ist erledigt?

Belohnungsaussicht als Motivation:

Ein sehr origineller Beitrag zum Thema Motivation aus München:
Es werden Preise ausgelobt für die höchste Notenverbesserung von der 8. auf die 9. Klasse.

Motivation und Zielorientierung

„Erfolgsmathematik" = ist ein Faktor Null, dann ist das Multiplikationsergebnis auch Null

	K	F	Q&Z	B	wieviele Punkte macht das?
Und wieviele Punkte würde ich bekommen?	10	5	5	10	
Und wieviele Punkte würde ich bekommen?	10	0	5	10	

Alle Faktoren zusammen sind die Erfolgsbedingung

K   = Kenntnisse
F   = Fleiß und Beständigkeit
Q&Z = Qualität und Zuverlässigkeit
B   = Benehmen

Motivation und Zielorientierung

Die Botschaften im Coaching (2)

Ich und das Unternehmen, das Unternehmen und ich

Erwartungen kennenlernen und den Erwarungen gerecht werden:

Die Arbeitswelt und was sie erwartet und erwarten darf, man kann sich nicht früh genug damit vertraut machen…

Erwartungen kennen und abgleichen

Ich und das Unternehmen

Wer bin ich?
Was will ich
Was kann ich?

Was kann ich besonders gut?
Wofür bin ich gelobt worden?
Was hat mich bisher stark interessiert?
Wo habe ich mich freiwillig betätigt?

Was möchte ich?
Was möchte ich bis wann erreichen?
Was darf ich erwarten?
Wozu bin ich bereit?

Erwartungen kennen und abgleichen

Das Unternehmen und ich…

Das Unternehmen

Seine Produkte?
Wofür hat es einen Namen?
Seine Spezialität, seine Stärken?
Seine Kunden?

Es will erfolgreich sein – **und das geht nur durch:**

Einmaligkeit und Qualität
seiner Produkte und Leistungen

**Qualität fängt bei Pünktlichkeit, Ordnung und Zuverlässigkeit an.
Und da ist der einzelne Mitarbeiter gefragt, auch als AZUBI.**

Die Firma ist ein Team, das im Wettbewerb steht,
es gewinnt nur durch Mannschaftsleistung.

Erwartungen kennen und abgleichen

Den Einstieg in die Berufswelt, in den Ausbildungsplatz finden

Ausbildungsplatzangebot:
Zunächst mal nichts aussortieren, was im Hinblick auf
Entfernungen, Arbeitsbedingungen, Arbeitszeiten beherrschbar erscheint.

Den Einstieg finden ist das Wichtigste.
Der Wechsel später, nach einer Ausbildung, ist immer noch möglich.

Nicht nur die Noten, sondern viele weitere Fähigkeiten spielen
eine wichtige Rolle und hängen alleine von der eigenen Einstellung ab.

…

Du kannst mehr erreichen, als du zunächst glaubst!
Viel mehr ist zumutbar, als man zunächst glaubt.

Erwartungen kennen und abgleichen

Gemeinsam mit dem Schüler den Weg von der Schule in das Unternehmen gehen

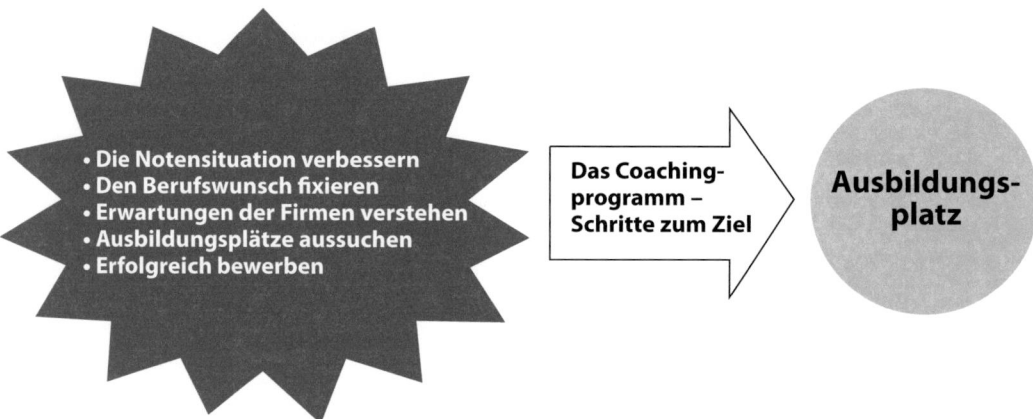

Der 10-Stufen-Plan, 10 Gespräche

1 Gespräch mit dem Schüler, Umfeld, Vertrauensaufbau
Warum will der Schüler gecoacht werden?
Motivationsvortrag (siehe S. 28, 72)
Kennenlernen des familiären Umfelds
Berufsberatung: Ja? Wenn ja: Ergebnisse, Hauptrichtung klar?
Wenn nein: Eignungstest (siehe Seite 61), Anmeldung bei der Berufsberatung
Selbsttest mit dem Neigungsprofil (siehe Seite 59): Wie sehe ich mich, wie sehen mich die anderen?
Ausrüstung mit Computer und die Möglichkeit, zu Hause damit zu arbeiten?

**2 Wie weit will ich mich als Coach auf den Schüler einlassen:
Reine Bewerbungshilfe oder auch schulisches Coaching?
Mit sich und dem Betreuten klären**

3 Leistungsbeweise
Schule und ihre Ergebnisse: Mathematik, Rechtschreibung, Benehmen
Entwicklung der Noten, Quali-Chancen
Praktikums-Erfahrungen: Praktikums-Zeugnisse beibringen und durchgehen
Die Leistungen des Betreuten außerhalb der Schule erfragen und dokumentieren

4 Wo sind schulische Defizite beim Schüler, die noch beseitigt werden können?
Gespräch mit dem Lehrer: Ermittlung aller Verbesserungspotenziale
Festlegung der Verbesserungen, die noch erreichbar sind
Ggf. Festlegen des Nachhilfebedarfs
Erwartung des Coachs – Arbeitsdisziplin und Verlässlichkeit

5 Suche nach dem Berufsbild, das passt
Sich selbst kennenlernen: Was bin ich, was kann ich, was will ich?
Im Gespräch erarbeiten
Informationsquellen zu Berufsbildern erschließen
Gespräch über die noch zu füllenden Lücken
Nutzung der Ergebnisse aus Punkt 3!

6 „Selbstorganisation", Zeitplan, Kalender
Zeitplan und Aufgabenliste
Rückmeldedisziplin besprechen, E-Mail

Arbeitshilfen

7 **„Marktforschung": Suche nach Ausbildungsplätzen**
Aktiv: die wichtigsten Datenbanken und den Umgang damit kennenlernen
Recherche nach Betrieben im eigenen Umfeld
Wenn nötig, auch Blindbewerbungen machen
„Hitliste" der so gefundenen Ausbildungsmöglichkeiten
Voraussetzungen klären, um sich dort mit Erfolgschance zu bewerben
Was erwartet der Betrieb? Was weiß ich über den Betrieb?
Intensive Internetrecherche zu den Betrieben

8 **Die Bewerbungsunterlagen und das Vorstellungsgespräch**
Durchsprechen der Checkliste
Ausarbeiten einer Bewerbung anhand von Muster und Checkliste
Verbesserung der Bewerbungsunterlagen
Der Bewerbungsvorgang, das Auftreten
Hinweise und Übungen zum Auftreten
Probebewerbung (Generalprobe) und Auswertung mit Coach
Manöverkritik, Zusammenfassung, was haben wir gelernt?
Was muss besser werden?
Ausarbeiten der Endfassung der Bewerbung
Analyse von Misserfolgen, Nachfrage im Unternehmen

9 **Einreichen der Unterlagen und Vorstellungstermin**

10 **Verfolgen der angebahnten Kontakte**

Arbeitshilfen

Kennenlernen – ein Gesprächsleitfaden (1)

Allgemeines
Name: _____
Tel: _____
E-Mail: _____
Handy: _____
Staatsbürgerschaft: _____
Sprachen: _____

Kennenlernen
Wichtige Schulerlebnisse: _____
_____

Wichtige Freizeiterlebnisse: _____
_____

Kann ich gut: _____
_____

Macht viel Spaß: _____
_____

Finde ich ganz toll: _____
_____

Möchte ich können, möchte ich werden: _____
_____

Verpflichtungen, die ich übernommen habe: _____
_____

Andere haben sich auf mich verlassen: _____
_____

Praktika: _____
Gelingt mir fast immer: _____
Gelingt mir nicht so gut: _____

Arbeitshilfen

Kennenlernen – ein Gesprächsleitfaden (2)

Die grobe Richtung

Allgemeine, eigene Zielsetzung? _____

Erste Vorstellungen vom Beruf? _____

Praktika-Erlebnisse? _____

Quali-Chancen, Voraussetzungen? _____

Besuch bei der Bundesagentur für Arbeit (BAfA), Ergebnis? _____

Was raten die Lehrer? _____

Was raten die Eltern? _____

Probebewerbung gemacht? _____

Bewerbungsseminar gemacht? _____

Bewerbungsunterlagen schon mal erstellt? _____

Erster Berufswunsch und seine Alternativen? _____

Optionen: _____

Zeitmanagement (1)

Wo geht die Zeit hin?

Nachmittagsunterricht? (Stundenplan!) _____
_____
_____
_____

Fernsehen: _____
_____
_____
_____

Computerspiele: _____
_____
_____
_____

Internet: _____
_____
_____
_____

Freunde: _____
_____
_____
_____

Sport: _____
_____
_____
_____

Arbeitshilfen

Zeitmanagement (2)

Was bringt die nächste Woche?

Wochenplan vom: _____

Meine wichtigsten Notenziele (zur Erinnerung):

Mathe 3
Deutsch 3

Welche Exen/Proben werden in der kommenden Woche geschrieben?

1 _____
2 _____
3 _____

Auf welche Fächer (Exen/Proben) muss ich mich vorbereiten und wie und wann mache ich das? Mein Arbeitsprogramm dazu in Stichworten:

1 Montag _____
_____

2 Dienstag _____
_____

3 Mittwoch _____
_____

4 Donnerstag _____
_____

5 Freitag _____
_____

6 Samstag _____
_____

Arbeitshilfen

Das Programm zur gezielten Notenverbesserung

Es ist wichtig, mit dem Schüler einzuüben, dass am Wochenende mindestens vier Stunden zusätzlich gearbeitet werden sollten, wenn es darum geht, Lücken auszugleichen und dies muss zusätzlich zum Schulpensum geleistet werden.

Übungen aus der Mathe-Nachhilfe

An welchem Tag?

1 _____

2 _____

Übungen in Deutsch, Kurzaufsätze und Verbesserung

An welchem Tag?

Themen/Titel _____

_____

_____

Was ist also in den nächsten Wochen zu tun?

Wochenplan
Kalender

Thema	Bis wann?	Erledigt?

Feedback

Lernen ist ein Regelkreisprozess. Wir haben ausführlich über den Beziehungsaufbau, das Interesse und die Rolle der Zuwendung gesprochen.
Der Coach sollte möglichst viele Möglichkeiten der positiven Rückmeldung nutzen.

Hier zwei Beispiele:

Der „Soforterfolg"

Wie dargestellt, lernen die Schüler rasend schnell Computerspiele, weil sie dort schnelle Erfolgsrückmeldung, also Handlungsergebnisse und auch Anerkennung (J. Bauer) finden. Diesen Effekt kann man sich manchmal auch für schulische Zwecke zu Nutze machen.

Angenommen, Sie wissen oder bringen in Erfahrung, dass an einem Montag die Schüler in Englisch Vokabeln abgefragt werden. Lassen Sie am Wochenende Ihren Schüler richtig drei Stunden lang seine 50 Vokabeln pauken und fragen Sie ihn beharrlich ab. Der Erfolg am Montag ist praktisch sicher. Und dieses Erlebnis, dass man „fast alles gekonnt hat", ist für einen Schüler mit sonst mäßigen Noten beflügelnd.

Visuelles „Feedback"

Der andere „Kniff" stammt aus der Industrie und bezieht sich auf „Visuelles Feedback". In meiner ersten Firma, der Firma Heidenhain, war im Eingangsbereich eine Tafel aufgestellt, auf der täglich die Produktionsmengen eingetragen worden sind. Jeder konnte sehen, daran habe „ich" mitgearbeitet und die Kurve stieg immer weiter. Später lernte ich ähnliche Kurven für Qualitätserfolge kennen.

Ganz generell gilt die graphische Rückmeldung als höchst effektiv. Nicht umsonst sind die Berichte der weltbesten Beratungsunternehmen wie Boston Consulting, McKinsey oder Roland Berger voll von Graphiken, wenn über die Firmensituation und -entwicklung referiert wird.

Sie können das auch mit der Notenentwicklung machen, wenn Sie Lust haben etwas mit Excel zu „spielen", oder lassen es gar den Schüler selbst machen. Damit können Sie eindrucksvoll den Trend darstellen, der dem Schüler nach jeder Ex oder Probe zeigt, ob er sich auf das selbstgesteckte Ziel zubewegt oder nicht.

Arbeitshilfen

Das visuelle Feedback

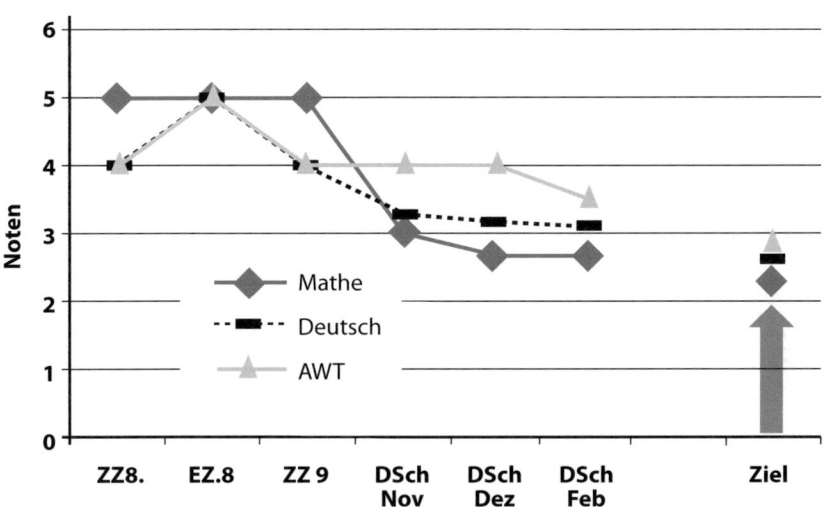

Die Zahlenbasis dazu

	Vergangenheit			Schuljahr 09/10			09/10	1 Proben	1 Exen	2 Proben	2 Exen	3 Proben	3 Exen	Proben
	ZZ8.	EZ.8	ZZ 9	DSch per Nov	DSch per Dez	DSch per Feb	Ziel	1	2	3	1	2	3	4
Mathe	5	5	5	3,0	2,8	2,8	2,8	4	2	3	2	3	3	
Deutsch	4	5	4	3,3	3,3	3,2	3,2	4	4	2	3	3	3	
AWT	4	5	4	4,0	4,0	3,7	3,0	4	5	3	4	2	4	6

ZZ = Zwischenzeugnis

EZ = Endzeugnis

DSch = Durchschnitt per Zeitpunkt X im Schuljahr

AWT = Arbeit, Wirtschaft, Technik

Arbeitshilfen – Lernkompetenz

career|training
Wir schaffen das.

Das Coaching-Projekt Germering konnte das Team „careertraining" für das Seminar:

„PowerLearning" – klüger lernen = besser lernen

gewinnen. Das Seminar läuft bereits seit acht Jahren. Er ist immer wieder ausgebucht und mit dem Programm „Die sieben Geheimnisse des erfolgreichen Lernens" sehr erfolgreich. An zwei Tagen werden in insgesamt zehn Stunden die wichtigsten Erfolgsgrundlagen von effizientem Lernen nahe gebracht:

- Lebensziele – was sind meine Ziele im Leben und welche Talente habe ich?
- Effektive Lernmethoden – wie lernt man in der halben Zeit das Doppelte?
- Wie hängen Schlaf und Lernen zusammen?
- Warum soll man während des Lernens Musik hören?
- Entspannungstechniken – wie verhindere ich Blackouts?
- Selbstbewusstsein – wie nutze ich die Macht meines Unterbewusstseins richtig?

Ein Seminar in Kleingruppen (ca. 14 Teilnehmer), das dich voll und ganz fordert und fördert. Der erste Schritt zu besseren Noten und mehr Lernspaß!

Durch Zuschuss der **Katholischen Hochschulgemeinde Augsburg** und des Coaching-Projekts Germering kostet das Seminar je Schüler nur noch X,XX €.
Die Teilnehmerzahl ist auf maximal 30 Teilnehmer begrenzt.
Bitte für Sonntag eigene Brotzeit mitbringen!

Weitere Infos erhalten Sie auf Anfrage bei:
www.careertraining.de
Das 2-tägige Training ist vor allem für die 9. aber auch für die 8. Schulstufe vorgesehen.

Arbeitshilfen – Beurteilungsschemata

Praktikumszeugnis

Für _____

Praktikumsdauer: von _____ bis _____

Bewertung mit Schulnoten	1	2	3	4	5	6
Pünktlichkeit						
Zuverlässigkeit						
Sauberkeit						
Höflichkeit						
Praktische Vorkenntnisse						
Belastbarkeit						
Einsatzbereitschaft						
Geschicklichkeit						
Geschwindigkeit						
Teamfähigkeit						
Kommunikationsbereitschaft						
Auffassungsvermögen						
Theoretische Vorkenntnisse						

Haupttätigkeit:

Bemerkung:

Aufbauend auf: Praktikumsbeurteilung der Conditorei Schmitt, Germering

Der humorige Praxisbericht

Aus einem lockeren Praktikumsbericht

Ein erstgemeinter Fragebogen aus einem Schülerarbeitsheft der Bundesagentur für Arbeit:

Vor dem Praktikum...

Das würde mir im Praktikum gefallen: *„...wenn ich Geld bekomme und einfach nur chillen kann".*

Welchem Typ ordnest du dich zu: *„… bin der „schon am Ziel Typ", da ich Spielautomateningenieur werden möchte".*

Bericht aus dem Praktikum...

Aufgaben und Tätigkeiten in diesem Beruf („Berufe aktuell" hilft dir dabei):

Schaun, ob alles in Ordnung ist, ob alle arbeiten und wissen, was sie tun und ihnen zeigen, was zu machen ist…"

Was hat sich in diesem Beruf in den letzten 20 Jahren am deutlichsten verändert.
Der Schüler ist 16

Beschreibe die Möglichkeiten der Weiterbildung in diesem Beruf…:
„Arbeiten am Anfang. Nach 3 Monaten Kappo und wenn man in der richtigern Firma ist, Pollier"

Beschreibe in Stichworten zwei Praktikumstage.

Mittwoch.
„War um sieben bei der Arbeit und habe gefrühstückt mit dem Cheff. Um acht Uhr haben wir die Männer eingewiesen, was sie machen sollen. Dann bin ich mit dem Kappo einkaufen gegangen. Um zehn Uhr haben ich und der Chef die Baustelle besichtigt und kontrolliert, ob alles vorangeht und in Ordnung ist."

*„Um 13 Uhr habe ich dem Kran Anweisungen gegeben, wo er was hinstellen soll.
Um 16 Uhr haben wir dann Mittag gegessen und um 18 Uhr bin ich dann nach Hause".*

Der humorige Praxisbericht

Nach dem Praktikum...

Welche Fertigkeiten hast du während deines Praktikums erlernt?
„Wie man einen Kran einweist, wie man Leute beschäftigt."

Haben sich deine Vorstellungen über diesen Beruf geändert?
„Ist zuviel Aufwand und zu lange Arbeitszeiten."

Meinst du, dass das Praktikum für dich nützlich war?
„Jetzt weiß ich, wie es wirklich ist".

Arbeitshilfen – Coaching-Vereinbarung

Der vertragliche Rahmen für das Coaching, die Coaching-Vereinbarung

Ein Beispiel aus Germering, Nutzung nur in Absprache mit der Stadt.

Coaching-Vereinbarung

Vorbemerkung:
Im Mai 2005 wurde auf Initiative der Stadt gemeinsam mit der Fürstenfeldbrucker Arbeitsagentur und der Arbeitsgemeinschaft Grundsicherung für Arbeitsuchende das Projekt „Netzwerk Arbeit und Ausbildung für junge Menschen in Germering" ins Leben gerufen.

Im Rahmen dieses Netzwerks wird ein Coaching-Projekt durchgeführt. Vor der Umsetzung des Projekts für die einzelne Schülerin oder den einzelnen Schüler ist der Abschluss einer Vereinbarung auch als formaler Akt des Einverständnisses zwischen Coach, Schülerin/Schüler, den Eltern, der Schule und der Trägerin des Projekts (Stadt Germering) notwendig.

Das Coaching-Projekt hat vorrangig das Ziel, durch das Zusammenwirken aller Beteiligten den/die Schüler/in auf eine aussichtsreiche Bewerbung um einen Ausbildungsplatz vorzubereiten.

1. Es wird hiermit zwischen allen Beteiligten Folgendes vereinbart:

   Der Schülerin/dem Schüler

Name	Geburtsdatum
Adresse	Telefon

   der Klasse _____ der Hauptschule an der Wittelsbacherstraße/Kerschensteinerstraße Betreuung und die Unterstützung auf dem Wege von der Überlegung über das anzustrebende Ausbildungsziel bis hin zum Abschluss eines Ausbildungsvertrages oder einer Vereinbarung für eine Einstiegsqualifikation im Rahmen der gegebenen Möglichkeiten anzubieten. Für den Erfolg kann nicht garantiert oder gehaftet werden.

Arbeitshilfen – Coaching-Vereinbarung

2. Ziel ist es, die Schülerin/den Schüler auf eine aussichtsreiche Bewerbung, in erster Linie um einen Ausbildungsplatz, vorzubereiten.

3. Das Coaching findet zusätzlich zum normalen Unterricht und nach Notwendigkeit des Einzelfalls statt. Das Coaching wird von dem ehrenamtlichen Coach

    Herrn/Frau _____ durchgeführt.

4. Im Bedarfsfall stehen dem Coach sozialpädagogische Fachkräfte der städtischen Einrichtungen der Kinder- und Jugendarbeit sowie der Schulsozialarbeit (Trägerin: Bezirksverband Arbeiterwohlfahrt) nach Absprache zur Verfügung.

5. Die Schule oder die Stadt Germering werden sich, sofern der Coach dies wünscht, um einen geeigneten Raum bemühen oder versuchen, einen solchen Raum zu vermitteln.

6. Sofern es notwendig ist, wird die Unterstützung auch im Rahmen gezielter Nachhilfe angeboten. Die Stadt Germering bemüht sich darum, dass die Finanzierung des Nachhilfeunterrichts ermöglicht wird, sofern Bedarf angemeldet wird. Die Sozialstiftung Germering hat hierfür bereits Mittel zur Verfügung gestellt. Die Dauer des geförderten Nachhilfeunterrichts wird unter den Beteiligten abgestimmt.
Ein Anspruch auf einen (dauerhaft) geförderten bzw. finanzierten Nachhilfeunterricht besteht nicht.
Die Eltern beteiligen sich an Kosten der Nachhilfe im Rahmen ihrer finanziellen Leistungsfähigkeit.

7. Die Schülerin/der Schüler _____ erklärt, dass sie/er an dem Coaching aktiv teilnehmen möchte und zu den Terminen regelmäßig erscheint. Er/Sie verpflichtet sich, durch sein/ihr Verhalten für den Erfolg des Projekts beizutragen. Sofern eine gedeihliche Zusammenarbeit zwischen Coach und Schüler/in nicht möglich ist, kann nach Gesprächen mit dem Träger und der Schule ein Wechsel des Coachs oder des Schülers bzw. der Schülerin erfolgen.

8. Die Eltern erklären ihr Einverständnis damit, dass die Schülerin/der Schüler im Rahmen des Coaching-Projekts betreut wird und unterstützen den Coach im Rahmen ihrer Möglichkeiten.

Arbeitshilfen – Coaching-Vereinbarung

9. Die Eltern sind damit einverstanden, dass ihre Tochter/ihr Sohn
   _____ alleine zu den Coaching-Stunden kommt. Die Stadt Germering bzw. der Coach übernehmen diesbezüglich keine Aufsichtspflicht oder Haftung.

10. Der Coach unterliegt hinsichtlich der Informationen, die er über die Schülerin oder den Schüler und/oder die Eltern erhält, einer strikten Verschwiegenheitspflicht.

11. Die Eltern sind damit einverstanden, dass der Coach im Rahmen seiner Aufgaben (z. B. Lehrstellensuche, Organisation des Nachhilfeunterrichts, Betreuungsangebote usw.) personenbezogene Daten der Schülerin/des Schülers verwendet und an die entsprechenden Stellen (Betriebe und Firmen, Nachhilfelehrer, sozialpädagogische Fachkräfte usw.) weitergibt.

Datum	Unterschrift Schüler
Datum	Unterschrift Coach
Datum	Unterschrift Eltern/Erziehungsberechtigter

Meine Meinung:
Es ist langwierig, alle Unterschriften zu bekommen. Wenn möglich, das Ganze auf eine Seite kürzen, wobei allerdings leidige Versicherungsfragen geklärt werden müssen:
Wie ist der/die Betreute auf dem Weg zum/vom Coaching versichert?

Dieser Formalismus muss wohl dann eingehalten werden, wenn eine öffentliche Körperschaft der Träger der Initiative ist. Er dient aber auch als Selbstverpflichtungsritual der Beteiligten.

Zuordnung Coach/Betreute nach Geschlechtern

Eine praktikable Regel: Männliche Coachs – nur männliche Betreute, weibliche Coachs – weibliche und männliche Betreute.

Eine davon abweichende Regelung muss mit den Eltern eindeutig abgesprochen werden.

Arbeitshilfen – Selbstverpflichtung

Beispiel einer Selbstverpflichtung zur Leistungsverbesserung

Ich _____, will meine wichtigsten Lebensziele verwirklichen, diese sind:

1. _____
2. _____
3. _____

Ich will in diesem Jahr einen Ausbildungsplatz erhalten.
Ich weiß, dass gute Ausbildungsplätze nur erreichbar sind, wenn im Zeugnis höchstens eine Vier erscheint. Deshalb habe ich mir als klares Ziel gesetzt:
Ich weiß, dass gute Ausbildungsplätze nur erreichbar sind, wenn im Zeugnis höchstens eine Vier erscheint. Deshalb habe ich mir für die Schule als klare Ziele gesetzt:

Eine Drei in Deutsch
Eine Drei in Mathematik
Und in den Nebenfächern mindestens jeweils eine Drei

Ich weiß, dass ich die Fähigkeiten habe, das zu erreichen.

Erreiche ich das nicht, werde ich mich mit sehr einfacher Arbeit zufriedengeben müssen, womöglich muss ich in das „Berufsvorbereitende Jahr".

Wenn ich aber meine Ziele erreiche, werde ich für den Ausbildungsplatz und die strengere Berufsschule die besten Voraussetzungen haben.

Ich, _____, verpflichte mich, um die Notenziele zu erreichen, zu Folgendem:

1. Ich werde mich über alle schulischen Dinge, vor allem über die Prüfungstermine laufend eigenverantwortlich informieren. Nie wieder werde ich sagen: „Das habe ich nicht gewusst".

2. Ich werde täglich 2 Stunden außerhalb der Schulzeit lernen, bis ich zu den Proben/Exen zweimal hintereinander die Note Drei erreicht habe, die mein Ziel ist. Das gilt vor allem für Mathe und Deutsch. Ich werde alle Aufgaben, die mir meine Nachhilfelehrerin gibt, gewissenhaft ausführen.

Arbeitshilfen – Selbstverpflichtung

3. Zusätzlich werde ich am Samstag und am Sonntag jeweils zwei Stunden mit einer Pause von 20 Minuten lernen, bis ich meine Notenziele erreicht habe.

4. Fernsehen und Computer zum Zeitvertreib begrenze ich auf vier Stunden pro Woche. In der gewonnenen Zeit lerne ich oder werde deutsche Bücher lesen.

Ich weiß, dass meine Eltern ihre Verantwortung für meine materielle Sicherheit unter großen Anstrengungen tragen. Meine Verantwortung ist es, die genannten Notenziele zu erreichen.

Mein Coach stellt mir einen Teil seiner Zeit zu Verfügung. Er nimmt damit eine soziale Verantwortung wahr. Meine Gegenleistung ist das disziplinierte Arbeiten nach seinen Anweisungen. Das ist die Bedingung.

Wenn ich mich daran halte, werde ich meine ***Ziele erreichen und mir das Leben ermöglichen können, das ich mir so wünsche.***

Unterschrift

Wunder wird so eine Verpflichtung nicht bewirken. Aber der Wiederholeffekt, sich auf die eigene Verantwortung zu besinnen, kann schon positiv wirken. Diese Selbstverpflichtung lasse ich daher als Diktat schreiben.

Beispiel, wie die Materialsammlung des Coachs strukturiert sein könnte

Coaching-Vertrag

1   Die Vereinbarung
2   Die Spielregeln

Motivation

3   Gespräche
4   Aufsätze
5   Sammlung positiver Ereignisse

Coaching-Programm

6   Ziele & Meilensteine
7   Ausgangslage und Persönliche Raodmap
8   Aufgaben
9   Erledigungen
10 Zeitmanagement, Stundenpläne
11 Nachhilfe etc.
12 Trainingsmaterialien

Material aus der Schule

13 Bewerbungsübungen Schule
14 Probenordner
15 Schulzeugnisse
16 Praktikazeugnisse
17 Kontakte zur Schule

Berufswahl und Ausbildungsplatz

18 Berufsbilder
19 Übungen zur Berufsfindung
20 Ggf. Eignungstests bei Bundesagentur für Arbeit oder beim Institut geva
21 Aktuelle Lehrstellendatenbanken
22 Firmen im Interessenfeld
23 Aktuelle Bewerbungstips
24 Erstellte Bewerbungen
25 Vorstellungsgespräch, Übungen Erfahrungen

Arbeitshilfen – Matertialordnung

26 Bewerbungsverfolgung, Rücklauf Bewerbungen, Erfahrungen
27 Motivation Erklärungen
28 Generell Firmenadressen
29 Neue Ideen für den Coachingprozess
30
31 Juristische Fragen

Merkpunkte für den Coach

Checkliste: Habe ich etwas vergessen?

1. Teilnahme am Auswahl- und Zuordnungsverfahren Coach – Betreuter
2. Sich Informationsquellen und das bestehende Netzwerk erschließen
3. Erstgespräch: Was erwartet der Schüler, warum will er das machen? Rolle der Beteiligten?
4. Die Coachingidee auch den Eltern erklären und nachfassen, ob das auch verstanden wurde, vom Schüler und den Eltern Vertrauensbasis herstellen, realistische Erwartungen abstecken
5. Eltern geben schriftlich ihr Einverständnis zum Coaching. Coachingvereinbarung, Bedingungen, Versicherungsfragen: Siehe S. 96 ff.
6. Berufswünsche: eigene, von der Bundesagentur, von den Eltern?
7. Wurde die Bundesagentur für Arbeit schon kontaktiert?
8. Mit Klassenlehrer gesprochen?
9. Ausgangslage genau prüfen: Zeugnisse, Schule und Praktika durchgehen. Zeugnisse und Zwischenzeugnisse kopieren, Aufstellung über die bisher erreichten Noten in Proben und Kurzproben
10. Machbare Verbesserungsziele definieren, Ziele bezüglich der Noten für den Quali erstellen (Quali oder nicht – was ist realistisch?)
11. Ausführlich über die Leistungen und positiven Erfahrungen des Betreuten sprechen. Intensive Gespräche über Stärken und Erfolge führen
12. Praktikumszeugnisse sammeln! Und falls soziale Tätigkeiten ausgeübt wurden, Belege!
13. Kalender besorgen – zeigen, wie man einen Terminkalender führt (kleine Unterweisung in Zeitmanagement)
14. Nachhilfe in Abstimmung mit den Schulergebnissen anfordern
15. Das Microsoft-Office-Paket installieren, E-Mail Möglichkeit sicher stellen
16. Schnellhefter für die erstellten Unterlagen besorgen und sauber führen
17. Ggf. Tagesablauf aufschreiben lassen, um Engpässe oder Fernsehkonsum zu erfahren – Schlussfolgerungen daraus?
18. Was machte die Bundesanstalt für Arbeit bisher? Ausstehende Termine bei der BAfA? Computergestützte Berufsberatung erfolgt?
19. Kennen die Schüler die relevanten Datenbanken?
20. Gibt es bereits eine bevorzugte Tätigkeit? Wenn nicht, Neigungsliste ausfüllen, durchsprechen und unbedingt einen Eignungstest durchführen (siehe S. 61)
21. Der Wunschberuf und seine Alternativen jetzt klar ersichtlich?
22. Wichtig: „Doppelpass". Einüben von permanentem E-Mail-Kontakt – mit dem Coach auf Tuchfühlung bleiben

Merkpunkte für den Coach

23. Der Schüler muss seinen Maßnahmenplan regelmäßig wöchentlich überprüfen (E-Mail) und vor allem die erledigten Aufgaben melden, er soll Erfolgserlebnisse haben
24. Aufsatz 1 „eigene Ziele": Was will ich werden, wie möchte ich in zwei, fünf oder zehn Jahren leben?
25. Aufsatz 2 „Mit den Augen des Lehrherren": Ich gründe ein kleines Transportunternehmen und stelle jetzt ein; was erwarte ich vom neuen Mitarbeiter?
26. Wenn angeboten: Teilnahme am „PowerLearning-Programm"
27. Noten und Proben überprüfen, (regelmäßig) Schlussfolgerungen daraus ziehen
28. Ausbildungsplatzsuche, am Ort, im Umkreis, Datenbanknutzung üben
29. Ganz wichtig: Sicher klären, wo wird der Quali klar gefordert und wo nicht?
30. Die Berufedatenbank der BAfA, IHK, HK nach geeigneten Berufen durchsuchen: ein Hauptberuf und zwei Alternativen
31. Recherchieren bei den gemeldeten Ausbildungsplätzen der Stadt. Oder in Datenbanken von BAfA, Industrie- & Handelskammer, Handwerkskammer, Gelbe Seiten
32. Firmen/Ausbildungsplatzangebote aussuchen und bewerten. Firmen analysieren, was sie wollen, was sie suchen
33. Bewerbungen schreiben oder seine Bewerbung in eine dieser Datenbanken eintragen (Standardbewerbungen aus der Schule reichen oft nicht aus)
34. Vor den Vorstellungsgesprächen Bewerbung üben (ggf. mit Videounterstützung)
35. Bewerbungen und Firmenkontakte mittels Excel-Liste verfolgen, Bewerbungsstatus tagesaktuell halten

Unterstützungswünsche der Schule an die Coachs bzw. an das Coaching zu folgenden Lehrplaninhalten (Bayern)

Zusammengestellt aus einem Vortrag von Bettina Jungtorius, KRin, Dorothea-von-Haldenberg Volksschule Mammendorf, Oktober 2009

Jahrgangsstufe 8

Sprechen

- Miteinander sprechen und Alltagssituationen bewältigen
- Sach- und Gebrauchstexte lesen, verstehen und beurteilen
- Schreiben und Rechtschreiben
- Texte vorbereiten, schreiben und überarbeiten
- Erzählen
- Informieren
- Meinungen und Anliegen darlegen
- Richtig schreiben

Berufswegplanung

In Zusammenarbeit mit Berufsberatung und Betrieben:
- eigene Interessen, Wünsche, Neigungen, Erwartungen, Fähigkeiten und Voraussetzungen; ein persönliches Qualifikationsprofil zeichnen
- Einrichtungen der Berufsberatung (z. B. das BIZ) und ihre Angebote (z. B. Online-Selbstinformationssysteme und Printmedien) für die eigene Berufswahl nutzen; Anforderungs- und Qualifikationsprofile von Berufen
- Vergleich des persönlichen Profils mit beruflichen Anforderungen
- Überblick über den regionalen Ausbildungsstellenmarkt: Stellenangebote in der Tageszeitung, berufskundliche Schaubilder, Tabellen und Stellenübersichten der Berufsberatung
- Vorbereitung eines Berufsberatungsgesprächs: Stichwortzettel mit Angaben zur eigenen Person und Fragen zum Berufswunsch; selbstständig ein Beratungsgespräch mit dem Berufsberater vereinbaren und führen
- Besuch von Veranstaltungen zur Berufsinformation und berufswahlergänzenden Messen
- einen Berufswahlordner anlegen: die wichtigsten Schritte, Ereignisse und Konflikte im Berufswahlprozess etc.

Arbeitshilfen Coaching & Lehrplan

Entscheidungsphase und kritische Bestandsaufnahme des eigenen Berufswahlprozesses

Rollenspiel: ein Vorstellungsgespräch (Einzel- und Gruppengespräche)

Arbeit und Entgelt

Texte vorbereiten, schreiben und überarbeiten

Lebenslauf, Bewerbungsschreiben:
    Anregungen sammeln, vergleichen und kritisch überprüfen
    inhaltliche und formale Anforderungen kennenlernen und beachten
    die individuelle Gestaltung berücksichtigen
    eine vollständige Bewerbungsmappe zusammenstellen®

- Eine Praktikumsdokumentation erstellen und ggf. veröffentlichen, z. B. Informationen zum Beruf, Tages- bzw. Wochenberichte, persönlicher Kommentar zum Praktikum, Darstellung und Bewertung von Einsichten und Erfahrungen
- Interessengeleitete, adressatenbezogene Briefe, auch mit dem Computer, verfassen, z. B. Beschwerde

Jahrgangsstufe 9

Auf dem Weg in den Beruf

- Reflexion des eigenen Berufswahlprozesses; persönliche Startsituation in den Beruf; Stolpersteine und Hindernisse bei der Berufswahl; Zusammenhang von Berufswunsch und eigenem Lebensplanentwurf; Informationen zum Quali.
- Überblick über Berufsbildungsgänge in Betrieb und Schule: duales Ausbildungssystem, schulische Ausbildungsmöglichkeiten, berufsvorbereitende Maßnahmen; ggf. ein Berufsfeld in der Berufsschule erkunden.

Praktikum und Bewerbung

- Praktisches Tätigwerden im Betriebspraktikum
- Bewerben um einen Ausbildungsplatz; Bewerbungsunterlagen sach- und formgerecht anfertigen
- Rollenspiel: Vorstellungsgespräch

Miteinander sprechen und Alltagssituationen bewältigen

- Gesprächsverhalten für Vorstellungs- und Bewerbungsgespräche wiederholen und verfeinern, z. B. um die Bedeutung der gründlichen inhaltlichen Vorbereitung wissen und sie entsprechend einsetzen
- Persönliche Stärken bewusst einplanen; Prüfungssituationen vorbereiten und im Rollenspiel trainieren, auch mit Fachleuten;
- Mit Medienunterstützung über richtiges Gesprächsverhalten und Körpersprache reflektieren
- Schulische und außerschulische Gesprächssituationen annehmen, sach- und adressatengerecht gestalten

Texte vorbereiten, schreiben und überarbeiten

- Bewerbungen schreiben: die wesentlichen inhaltlichen und formalen Anforderungen wiederholen; beim Schreiben die persönliche Situation und lokale Besonderheiten einbeziehen; eine optimal gestaltete Bewerbungsmappe zusammenstellen
- sprachliche Besonderheiten kennenlernen; Entwürfe überarbeiten → KtB

Werbung

Information der Familien über das Coaching-Programm, der Flyer (Konzept), in drei Sprachen!

Coaching für Hauptschüler in Germering auf ihrem Weg in die Ausbildung

Liebe Eltern,

es ist uns leider kein besseres Wort eingefallen: „Coaching" ist ein Begriff aus dem Sport und bedeutet, dass ein Trainer oder eine Trainerin jemanden unterstützt und anleitet, um ein Ziel zu erreichen. In unserem Fall ist das Ziel ein Ausbildungsplatz für unsere Schülerinnen und Schüler.
Für den Erfolg unserer Aktion ist es wesentlich, dass Sie als Eltern genau verstehen, was „Coaching" will.
Richtig, es ist nicht mehr so einfach, einen Ausbildungsplatz zu bekommen, wie vielleicht noch vor 20 Jahren. Aber zu sagen, Hauptschüler seien chancenlos, ist grober Unfug.
Nur, von selbst geht es auch nicht. Das zeigt die Zahl jener Schüler, die am Ende des letzten Schuljahrs keinen Ausbildungsplatz hatten.
Die Stadt ist deshalb aktiv geworden und hat, unter anderem, einen Kreis von ehrenamtlichen Bürgerinnen und Bürgern eingerichtet, die bereit sind, die Ausbildungsplatz-Suche des/der Betreuten mit ihrer Lebens- und Berufserfahrung zu unterstützen.
Unser Coaching war leider nicht immer erfolgreich – dies war aber immer nur dann der Fall, wenn der Schüler sich nicht ausreichend engagiert hat und die Familie unsere Coachs bei ihrer ehrenamtlichen Tätigkeit nicht im nötigen Umfang unterstützt hat.

Jeder, der beim Coaching engagiert mitgearbeitet hat, war erfolgreich!
Unsere Erfolgsquote liegt bei fast 100 %!

Der Quali ist für 80 % der Ausbildungsplätze ein Muss. Das ist die Herausforderung. Der Quali ist für **jeden** erreichbar, wenn er aktiv beim Coaching-Programm mitarbeitet. Wir wollen mit den Schülern, die von uns betreut werden, **Chancen** erarbeiten, um erfolgreich in das Berufsleben zu starten.
Coachs sind keine Ersatzeltern, keine Ersatzlehrer, kein Ersatzjugendamt und nur manchmal Nachhilfelehrer!
Coachs wollen zeigen, wie man sich die gegebene Zeit besser einteilt; wie Lebensziele (wie z. B. Geld, Familie, Auto) **nicht nur** durch gute Noten **sondern auch** durch Pünktlichkeit, Umsicht und Verlässlichkeit erreichbar sind. Darauf legen z. B. Ausbildungsbetriebe **größten Wert**.

Werbung

Wir ...
- unterstützen das Erreichen des Quali
- organisieren kostengünstige Nachhilfe
- helfen bei der Suche nach einem geeigneten Ausbildungsplatz
- erstellen gemeinsam Bewerbungsunterlagen und trainieren das Vorstellungsgespräch

Wir sind überzeugt, dass jeder die Fähigkeit besitzt, einen Ausbildungsplatz zu bekommen. Coaching ist Hilfe zur Selbsthilfe! Unser Beitrag neben der Erfahrung ist: Zeit. Und Zeit bedeutet Aufmerksamkeit für die Betreuten.

Wir wissen auch, dass in manchen Familien die Sprachprobleme noch groß sind. Diese Familien liegen uns besonders am Herzen. Sich nur zwischen Kameradinnen oder Kumpels zu verständigen ist eine Sache, einen Aufgabentext im Mathe-Unterricht richtig zu verstehen, ist eine andere.

Wenn Sie glauben, dieses Programm sei gut für Ihre Tochter oder Ihren Sohn, dann nehmen Sie bitte mit der dafür zuständigen Stelle Kontakt auf.

Arbeitshilfen für Schüler und Coach

1. Anschreiben	112
2. Lebenslauf	113
3. Kontaktverfolgungsplan	114
4. Checkliste für den Firmenbesuch	115
5. Fragen des Personalbüros	116
6. Fragen an den Ausbildungsplatzgeber	117
7. Bewertung des Vorstellungsgesprächs	118
8. Regeln für die Nachhilfe durch Dritte	119
9. Quali-Kalkulation	120

Arbeitshilfen – Bewerbung

Anschreiben (nur eine Seite!)

Bewerber					Datum
Straße
PLZ Ort
Tel
E-Mail

Technik AG
z. Hd. Herrn AAAA
Straße
PLZ Ort

Bewerbung um einen Ausbildungsplatz zum Technischen Zeichner

Sehr geehrter Herr AAAA,

die angebotene Stelle und das Berufsbild des Technischen Zeichners interessieren mich sehr. In meinem letzten Praktikum konnte ich dieses Berufsbild kennenlernen.

Zur Zeit besuche ich die X. Klasse der XY-Hauptschule, die ich voraussichtlich im Juli 2009 mit der Mittleren Reife verlassen werde. Seit dem 7. Schuljahr habe ich das Fach GtB (Gewerblich technischer Bereich) als Pflichtfach. Hier konnte ich schon viele Erfahrungen bezüglich des Umgangs mit dem Programm CAD und der TZ Platte sammeln. Zusätzlich konnte ich das Fach Informatik kennenlernen, da ich dies ein Jahr lang als Wahlfach besuchte. In diesem Bereich habe ich Stärken, da ich sehr gut mit Computern umgehen kann und gerne mit dem CAD Programm arbeite.
Ich besitze ein gutes Auffassungsvermögen und kann mir sehr gut Daten und Zahlen merken. In Mathematik habe ich eine Eins. Ich denke, dass Mathematik in diesem Berufsbild sehr wichtig ist.

Über eine Einladung zu einem persönlichen Gespräch würde ich mich sehr freuen und biete Ihnen an, für einige Tage bei Ihnen ein Praktikum zu machen.

Mit freundlichen Grüßen			**Anlagen:**
						Lebenslauf
Vor und Familienname			Zeugniskopie
						Beispiele meiner Arbeit

Arbeitshilfen – Bewerbung

Lebenslauf (möglichst nur eine Seite!)

Persönliche Daten

Name, Vorname:	Max Mustermann
Geburtsdatum:	TT.MM.JJJJ
Geburtsort:	Starnberg
Familienstand:	ledig
Eltern:	Eva Mustermann, Verwaltungsangestellte
	Rufus Mustermann, NW Administrator
Geschwister:	Bruder Hans
Nationalität:	Deutsch

Bild

Schulbildung

1998 – 2002	Wittelsbacher Grundschule
2002 – 2004	Wittelsbacher Hauptschule
2004 – 2009	Kerchensteiner VS, Mittlere Reife
	Voraussichtlicher Abschluss: Mittlere Reife
Spezialisierungsfächer:	CAD und Informatik

Praktika:

08.05.2006 – 12.05.2006	Praktikum als Zweiradmechaniker bei XY
15.05.2006 – 19.05.2006	Praktikum als Kfz-Mechatroniker bei der Firma XY
01.07.2007 – 24.07.2007	LMU im Referat für Technik

Weitere Kenntnisse

Führerschein der Klasse A1
Grundkenntnisse Microsoft-Office-Paket
Gestalten mit Metall, Kunststoff und Holz
Teilnahme am KJR-Rhetoriktraining

Hobbies, Soziales, Sport

2002 – 2004	Mitglied Wasserwacht,
2003 – 2004	Mitglied Baseballverein
Zuverdienst:	Zeitungsausträger seit 2007
Hobbies:	Schwimmen, Fußball, Motorrad

Teilnahme am Germeringer Coaching-Programm:
„Arbeit und Ausbildung für junge Menschen in Germering"

Germering, den TT.MM.JJJJ

Coaching – Kontaktverfolgung

Kontaktverfolgungsplan zum Stand des Bewerbungsprozesses

Diese Liste ist permanent zwischen Coach und Schüler auszutauschen und zu aktualisieren.

Firmenname/Branche	Personal-verantwort-licher	Tel. Nr.:	Bewerbung raus 28 02 xx	Aktionen Schüler nachgefragt (ng) bis zum 15.03.xx	Aktion Coach nachgefragt	Kontaktsituation* (Ba) (A) (ZF) (EV) (RR) (Z)	Adresse Firma
Firma 1							
Firma 2							
Firma 3							
Firma 4							
Firma 5							
Firma 6							
Firma 7							
Firma 8							
Firma 9							
Firma 10							
Firma 11							

*Bewerbung angekommen (Ba)   Rückruf von Firma zuges. (RR)   Einladung Vorstellung (EV)
Zwischenbericht Firma (ZF)   Absage Firma (A)   Zusage Firma (Z)

Checkliste: Besuch bei einer Firma

Der erste Eindruck ist sehr entscheidend

1. 15 Minuten vor der Zeit im Gebäude, drei Minuten vor der Zeit am Personalbüro
2. Kurz vorher nochmals in die Bewerbungsunterlagen schauen
   Angemessen angezogen sein, z. B. mit Anzug ohne Krawatte
3. Handy ausgeschaltet
4. Haare gewaschen, Nägel geschnitten und sauber
5. Unterlagen, den gesamten Satz der Bewerbungsunterlagen und evtl. einen Ausdruck zum Firmenprofil des Unternehmens aus dem Internet griffbereit halten
6. Papier und Stift für Notizen und einen kleinen Terminkalender bei der Hand haben
7. Die erforderlichen Umgangsformen, Gruß, warten, bis man aufgefordert wird, sich zu setzen
8. Die Person mit ihrem Namen ansprechen
9. Zeigen, dass man über die Tätigkeit an der Ausbildungsstelle sehr gut informiert ist und zeigen, dass man mindestens vier wichtige Informationen zur Firma kennt. Die beste Quelle ist: „Wir über uns" auf deren Homepage
   Die fünf wichtigsten Produkte/Dienstleistungen der Firma kennen
10. Drei Gründe parat haben, warum man diese Ausbildungsstelle vor allem haben möchte, und warum sie gut passt. Man darf sich nicht mit den Aussagen der schriftlichen Bewerbung widersprechen
11. Sich am Gespräch beteiligen und Fragen zur Tätigkeit und zur Ausbildung in diesem Unternehmen stellen. Sich ein paar Notizen machen
12. Sich nach dem nächsten Schritt erkundigen
13. Sich höflich verabschieden

Arbeitshilfen – Bewerbung

Fragen des Personalbüros

Von Personalbüros kommen Fragen wie diese:

1. Was wissen Sie denn über unsere Firma?
   Nennen Sie mir Produkte/Dienstleistungen, die wir anbieten.

2. Was wissen Sie denn über diese Tätigkeit, in der Sie ausgebildet werden möchten?

3. Was sind die drei wichtigsten Gründe für Ihre Entscheidung, diese Ausbildung anzutreten?

4. Haben Sie schon mal ein Praktikum mit einer vergleichbaren Tätigkeit gemacht?
   Was genau hatten Sie für eine Aufgabe?
   Worauf ist es denn angekommen?
   Hatten Sie mit Kunden Kontakt?
   Was haben Sie gelernt oder erfahren?
   Was hat Ihnen an den Praktika nicht gefallen?

5. Was erwartet der Chef von Ihnen als AZUBI, nennen Sie mir vier Dinge.

6. Was machen Ihre Geschwister?

7. Welche Fächer in der Schule, welche Hobbies machen Ihnen besonders viel Freude?

8. Fragen zu Einzelheiten aus den Bewerbungsunterlagen

Fragen an den Arbeitgeber

Interesse zu zeigen ist wichtig. In einem Gespräch darf man nicht nur der passive Teil sein. Es ist sehr sinnvoll, sich vor dem Bewerbungsgespräch zu überlegen, was einen interessiert, was man über die Firma wissen möchte. Es ist ja meist auch so, dass der Schüler zwischen mehreren Angeboten auswählen kann und dann muss er natürlich über die in Frage kommenden Plätze möglichst viele Informationen sammeln.

Wenn man beim Vorstellungsgespräch genau zuhört, kann man viele Fragen stellen. Selbstverständlich darf man dem anderen nicht ins Wort fallen. Meist führt die Personalabteilung das Gespräch.

Fragen, die der Bewerber/die Bewerberin während des Vorstellungsgesprächs stellen kann bzw. sollte, wenn es in den Verlauf des Gesprächs passt:

1. Wo befindet sich mein Ausbildungsplatz?
2. Wie ist die Ausbildung zeitlich aufgebaut, wann findet Unterricht statt?
3. Mit wie vielen anderen Azubis arbeite ich zusammen?
4. Worauf wird in dieser Firma bei der Ausbildung besonders Wert gelegt?
5. Wer wird mein direkter Betreuer sein?
6. Könnte ich ihn nachher kurz kennenlernen?
7. Wie stehen die Chancen, nach der Ausbildung übernommen zu werden?
8. Wo befindet sich meine Berufsschule?
9. Wie viele Mitarbeiter hat die Firma, wie viele sind es in der Abteilung, in der ich ausgebildet werde?
10. Wie hoch ist die Ausbildungsvergütung?

Versuche, im Gespräch immer wieder mal den Gesprächspartner mit seinem Namen anzusprechen, das erzeugt Nähe: „Herr Steiner, wie hoch ist die Ausbildungsvergütung?"

Arbeitshilfen – Bewerbung

So wertet die Firma das Vorstellungsgespräch:

Für _____

Kriterien (Bewertung mit Schulnoten)	1	2	3	4	5	6
Ist gut über das Berufsbild informiert						
Kann den Zusammenhang zwischen eigenen Wünschen, Fähigkeiten, Neigungen und Erfahrungen (z. B. Praktika) gut mit dem Berufsbild verknüpfen						
Hat eine Vorstellung vom Unternehmen						
Vermittelt Einsatzfreude						
Umgangsformen sind gut						
Sicherheit im Gespräch						
Redegewandtheit						
Gesprächsverlauf						
Zeugnisbemerkungen						
Qualität der Bewerbungsunterlagen						
Äußere Erscheinung (Kleidung, Frisur, Sauberkeit)						
Gesamteindruck						

Bemerkungen:

Nachhilfe

Regeln für die Nachhilfe bei Personen, die keine Lehrkräfte sind

Zunächst: Gemeinsames Treffen mit der Absprache von Spielregeln, Entlohnung, Zielen und mittelfristigen Terminen, Ort der Nachhilfe

1. Spielregeln

Spielregeln, die für den Betreuten gelten

Pünktlichkeit
Laufender E-Mail-Kontakt
Bearbeitung der aufgegebenen Übungen
Absagen bei Verhinderung per E-Mail 2 Tage vorher
Erbrachte Nachhilfe-Leistung gegenzeichnen lassen, nach jeder Stunde Abrechnung des Teils, den die Familie zahlen muss,
mindestens nach jeder 2. Stunde
Aufgaben, die der Nachhilfelehrer gibt, sind zu machen.

Spielregeln, die für den Nachhilfegebenden, gelten

Feststellung des Status anhand der Noten und der Hefteinträge
Festlegung von Lernzielen/Notenzielen
Beschaffung der erforderlichen Bücher
Über jede Nachhilfestunde kurze E-Mail an den Coach
Aufgaben stellen zwischen den Terminen und diese auch verständlich kontrollieren
Er darf das Betreuungsverhältnis lösen, wenn 2 Mal Termine unentschuldigt vom Schüler nicht wahrgenommen worden sind.

2. Laufender E-Mail-Kontakt.

Das muss für den Nachhilfegebenden ohne Wenn und Aber gelten: Nach jeder Stunde einen Dreizeiler über den Lernerfolg an den Coach, also: Wie wurden die zuletzt aufgegebenen Aufgaben erledigt, was wird neu aufgegeben und wann finden die nächsten drei Termine statt? Der Coach muss die Chance haben zeitnah einzugreifen, wenn die Dinge nicht wie vereinbart laufen.

Nachhilfe

3. Abrechnung – (kann sehr unterschiedlich geregelt sein!)
Die Stunden sind laufend vom Nachhilfe-Empfangenden, besser den Erziehungsberechtigten, gegenzuzeichnen. Das Formular dazu kommt vom Coach, die „Förderstufe" wird z. B. mit dem „Sponsor" abgestimmt.

4. Der Ort muss für beide Parteien akzeptabel sein, wobei in der Regel der Nachhilfe-Empfangende zum Nachhilfe-Gebenden geht. Andere Regelungen sind im beiderseitigen Einverständnis machbar.

5. Der Nachhilfegebende ist sich im Klaren, dass der „reine" Unterricht von 50 Minuten, nur ein Teil seiner Verpflichtung ist, die er entgeltlich übernommen hat. Er muss auch für einen effizienten Ablauf und für entsprechende Lernzielkontrolle sorgen. Er muss sich auch vorher darüber klar werden, ob die Nachhilfe mit eigenen Aufgaben nicht zu einem Zielkonflikt führt.

Nota bene: Nachhilfe geben ist eine anspruchsvolle didaktische und führungsorientierte Tätigkeit. Man muss das ernst nehmen – und kann dabei sehr viel lernen!

Notenermittlung für den Qualifizierenden Hauptschulabschluss

	Jahresnote (JN)	Qualinote (QN)	Gewichte	JN	QN	Summe
Mathe	3	3	2	6	6	12
Arbeit Wirtschaft Technik	3	2	1	3	2	5
Physik Chemie Biologie	4	2	2	8	4	12
Deutsch	3	3	2	6	6	12
Geschichte, Sozialkunde, Erdkunde	2	2	1	2	2	4
Kommunikationstechnik	2	2	1	2	2	4
Musik	3	1	1	3	1	4
Gesamt			10			53
Divisor						18
Gesamt Schnitt						2,9

Jahresfortgangsnote + Qualinote geteilt durch 18 ergibt den Quali-Durchschnitt, der mindestens 3,0 lauten muss (Stand 2009)

1. Wie kann man ein Coaching-Projekt organisieren?

Wie organisiert man ein Coaching-/Paten-/oder Lotsenprojekt?

Zunächst muss ein aktiver Initiator vorhanden sein, das ist in der Regel eine private Bürgerinitiative oder eine Kommune.

Aufbauorganisation: Träger

Beispiele für Trägerschaften

Private Träger: Z.B.: Aktivsenioren; lokale Unternehmerverbände; gemeinnützige Gesellschaften, Clubs wie Rotary
Offizielle Träger: Stadt über ihre sozialeinrichtungen, Caritas

Der Träger muss

1. eine Geldquelle sichern
2. einen oder zwei besonders engagierte Bürger als „Fahnenträger" (Aktoren, z.B. die Trägerpersonen selbst) installieren.

Die Aktoren müssen

1. Zugang zu jenen Personen haben, die für das Coaching geeignet sind
2. Zugang zu finanziellen Ressourcen haben
3. Zugang zu einem Netzwerk haben (Netzwerk bedeutet einen schnellen, unbürokratischen respektvollen Informationsfluss und damit Zugriff auf unterschiedliche Ressourcen) oder ein solches rasch etablieren.

Coaching – Projektorganisation

Das Netzwerk sollte folgende „Knoten" haben:

> Schule
> Wirtschaft: Unternehmerverbände, Handelskammer, IHK
> Coachs
> Eltern
> Migranten-Eltern
> Migrantenorganisationen
> Städtische Referate und Institutionen
> Bundesagentur für Arbeit
> Organisationen wie Lions oder Rotarier

Die Aktoren müssen in Arbeitsteilung vor allem folgende Aufgaben erledigen oder für deren Erledigung sorgen.

1. Geldquellen akquirieren (auch aus dem 750 Millionen Topf von Frau Schavan)
2. Coachs rekrutieren
3. Einführung jener in die Coaching-Arbeit, die sich dafür melden
4. Ein Mindestregelwerk für das Coaching festlegen, Spielregeln
5. Marketing und Werbung für das Coaching bei Eltern und Schulen
6. Kontakt zu den Schulen etablieren
7. Kick off Veranstaltung an den Schulen machen
8. Coachs auf Schüler verteilen
9. Nachhilfequellen und deren Finanzierung erschließen
10. Für Transparenz auf dem lokalen Ausbildungsmarkt sorgen
11. Für Praktikumsplätze werben
12. Erschließen der Ressourcen die die Bundesagentur für Arbeit zu bieten hat, also dafür zu sorgen dass deren Datenbanken gefunden und mit ihnen gearbeitet werden kann

Wie Coaching-Projekte angelegt werden können, siehe Übersicht auf S. 18 und auf S. 126.

Auch hier sei noch einmal darauf hingewiesen, dass die positive Einstellung der Schulen zum Coaching ein ganz wichtiger Schlüssel zum Erfolg ist. Nicht zuletzt steigert eine höhere Qualirate durch Coaching das Ansehen der betreffenden Schule.

Die Gesichtspunkte bei der Wahl der Trägerschaft

- Faktisch: Wer zuerst die Initiative ergreift
- Es kann lokale Umstände geben, die die Entscheidung in eine Richtung erzwingen
- Man kann auch nach der personellen Konfiguration entscheiden, welche verspricht die meiste Initiative und Verbindungen?

Einschätzung der Trägerschaft (Quelle: Erfahrungsaustausch und eigene Beobachtungen)

	Vorteile	Nachteile
Kommunale Trägerschaft	+++ Nachhaltigkeit + Zugang zu Ressourcen ++ Stabilität der Organisation + leichterer Zugang zu öffentlichen Programmen	--- Langsamkeit durch Abstimmungsprozedere -- Thema hat im Gesamtrahmen der Kommune niedrige Priorität, daher geringere Effizenz - Zugang zu Schulen und Wirtschaft nur mittel
Private Trägerschaft	+++ Schnelligkeit ++ Volle Konzentration auf das Thema +++ Hohe Priorität des Themas ++ Zugriff auf gute Leute + Pragmagtismus + Gute Verbindungen	-- Nachaltigkeit stärker personenabhängig - Zugang zu Geldmitteln ggf. nicht direkt

Private Trägerschaft hat den Vorteil, dass sie dem Thema einfach eine höhere Priorität zumessen kann, als eine kommunale Trägerschaft.

Coaching – Projektorganisation

Woran muss sich ein Projekt messen lassen?

Ziele:

1. Jugendliche, sind auf die Wirtschaft, die Welt des Broterwerbs gut vorbereitet. Haben realistische Erwartungen, kennen die Erwartungen der Wirtschaft.

2. Qualirate von 25 % auf 60 % der Neuntklässler steigern. Das bedeutet auch mehr Qualität für die Wirtschaft.

3. Das Zwischenzeugnis der neunten Klasse ist in den Qualifächern um eine Note besser als das Endzeugnis der achten Klasse.

4. Es sollten ausreichend Coachs zur Verfügung stehen: Mindestens 30 % der Schüler in der 8. und 9. Klasse sollten auf einen Coach zurückgreifen können.

5. Alle Betreuten haben im Februar des Schuljahrs „ihr" Berufsbild gefunden.

6. Alle Schüler sollten im Juni des Schuljahrs einen Ausbildungsvertrag unterschrieben haben bzw. die Zulassung zu einer weiterführenden Schulausbildung.

7. Zwischen Träger, Coachs und Schule ist ein regelmäßiger, vertrauensvoller Kontakt etabliert.

Coaching – Projektorganisation

Typische Probleme, die es zu lösen gilt

Das ist zunächst die Aufgabe des Coaching-Netzwerks.
Andere sind aber auch in der Pflicht.

Ziele erreicht? Nein? Mögliche Probleme, mögliche Ursachen, Abhilfe	<u>Neben</u> den Coachs:
A Fehlender Zugang der Coachs zu Schulen, Rektoren und Lehrern Fehlender Zugang der Coachs zu den Eltern, Misstrauen der Eltern gegenüber dem Coaching	• Bestmögliche Information • Stehempfang • Elternabende • Persönliche „Netzwerke"
B Die fehlende Zielorientierung bei ca. 35 % der Hauptschüler macht eine sinnvolle Berufswahl und vernünftige Arbeitsplatzsuche überaus schwer und zeitaufwändig	• Vorträge • Mehr Praktika • Eignungstests • Beratung durch Bundesagentur
C Die lokale Wirtschaft, die Firmen, sind zu unbekannt, die Anforderungen der Wirtschaft sind den Jugendlichen nicht geläufig.	• Lokale Wirtschaft präsentiert sich • Erfolgreiche AZUBIs präsentieren sich • Bundesagentur berät
D Markt Ausbildung: Mangelnde Markttransparenz über Angebot und Nachfrage bezüglich der Ausbildungs- und Praktikumsplätze Man weiß voneinander zu wenig (Wirtschaft-Ausbildungssuchende)	• Wirtschaft präsentiert sich • Web-Seite erstellen (Ismaning!) • El. Branchenbuch
E Die Quali-Rate liegt unter 30 % der Neuntklässler. Wünschenswertes Ziel: > 60 %	• PowerLearning • Nachhilfe
F Coach-Mangel, die ideale Coach Zahl: (Zahl der Schüler in den 8. und 9. Klassen) * 60 %	• Träger und lokale Netzwerke

Ein Muster-Coachingprojekt

Wichtige Aspekte des "Hauptschülerbetreuung-Konzepts der Werner-von-Siemens-Hauptschule in Augsburg" – Projekt WvSmilestones

Interview mit Herrn Gerhard Steiner, Rektor der Schule am 15.06.2010

Hauptziel:
Höherqualifizierung der Schüler in Quali Fächern und Verhalten und schnelle Vermittlung in den Ausbildungsplatz

Träger: Werner-von-Siemens-Hauptschule
Finanzierung: keine, wird alles ehrenamtlich abgedeckt

Die Zahlen, typische, gerundete Durchschnittswerte:

Gesamtschülerzahl der Hauptschule	400 – 450
Schüler ohne Deutsch als Muttersprache, ca.	60 %
Schüler in den betreuten Jahrgängen (7.8.9.Klasse)	200 – 250
Durch Coaching betreute Schüler	80 – 150
Betreuungsrate d. Coachs p.a. ca.	50 %
Schüler die das Coaching abbrechen (6-Jahreswert), etwa	5 %
Erfolgsquote bei den betreuten Schülern	75 % – 95 %
Quali-Rate, Durchschnitt in Augsburg	50 %
Quali-Rate (betreute Schüler) an der Werner-von-Siemens-Schule	95 %
Coach-Pool nach 7 Jahren „Projektlaufzeit"	60 – 70

Basis: Ein modernes Schulkonzept

Ein Konzept, das sich moderne Führungsgrundsätze der Industrie geöffnet hat: Führen durch Ziele bei Lehrern und bei den Schülern, Teamkultur zunächst im Lehrerkollegium und bei den Schülern, Selbstverantwortung. Qualitätsmanagement: bedeutet intensive Beobachtung der Schüler, also Beschäftigung mit den Schülern, jenseits der Zeugnisse, bezügliche Potenzialen, Stärken, Schwächen. Schon beginnend in der 5. Klasse werden solche „Lernstandsdiagnosen" erstellt und individuell vernünftige Ziele mit dem Jugendlichen erarbeitet, vereinbart und immer wieder überprüft. Es werden spezielle Programme angeboten, um die Schwächen der einzelnen Kinder auszugleichen. Zum Teil computergestützt (Mathematik) bzw. „händisch" bei Deutsch und Englisch. Ab der 7. Klasse müssen Schüler, die freiwillig an einem von Coachs betreuten Qualifizierungsprojekt teilnehmen, Zusatzkurse besuchen. Zum Teil werden diese Programme über Kooperationen mit Universitäten realisiert.

Ein Muster-Coachingprojekt

Erfolgskriterien für das Coaching – kurz gefasst:

1. Hoch motivierter, weil vom Konzept überzeugter Lehrkörper.
2. Eltern mit im Boot. Die Einbeziehung der Eltern erfolgt über die Lehrer. Diese rufen alle Eltern an und informieren über die Coachingaktion und laden zu einem Elternabend ein.
3. Beginnend mit Siemens gelang es, hochkarätige Führungskräfte als Coachs zu gewinnen, die anderen Unternehmen wurden durch das Beispiel motiviert, sich auch zu beteiligen. Auch Pfarrgemeinden mussten „Mentoren beisteuern". **Es gelang, die Sache nach und nach zu einem Bürgeranliegen zu machen.**
4. Die Kammern in der Stadt und die Bundesagentur für Arbeit beteiligen sich proaktiv am Programm, sorgen für Transparenz im lokalen Ausbildungsmarkt und rasche Vermittlung.
5. Motivation der Mentoren:
    5.1 Das Betreuungskonzept ist überzeugend bzw. nachweislich erfolgreich, durch entsprechende „Werbeauftritte" der Schulleitung.
    5.2 Die Mentoren/Coachs erwarten und bekommen eine sehr gute persönliche Betreuung in Form von Schulungen, Erfahrungsaustausch; direkten Kontakt zur Schulleitung; zweimal im Jahr Treffen mit den Lehrern, Eltern und den Kindern.
6. Motivation der Kinder: Sie müssen sich ab der 7. Klasse freiwillig für das Betreuungsprogramm melden.
7. Es gibt Kooperationen mit der Universität, die für die Kinder Kurse abhalten.
8. Kinder werben Kinder für das Coaching-Projekt.

Der Umstand, dass hier eine Firma und die Schule eine starke, gleichlaufende Motivation hatten, ist sicher ein Glücksfall. Trotzdem ist die Basis des Erfolgs die Vision und das Engagement Einzelner unterstützt von einem gleich gestimmten Netzwerk. Und diese Konstellation sollten Projektgestalter versuchen zu reproduzieren.

Coaching – Projektorganisation

Coaching – große Projekte

http://www.patenschaften-aktiv.de/
Dies ist die Seite von Dr. Grenzer und seinem Förderverein

http://www.aktion-zusammen-wachsen.de/
Dies ist die Seite der Bundesregierung

http://www.mandbf.org.uk/
Dies ist die Seite eines britischen Dachverbandes, der Mentoringprojekte unterstützt

Quelle: Claudia Kallen, Wolfratshausen

defacto.stiftung
Erich Schuster
Am Pestalozziring 1-2
91058 Erlangen
Telefon: +49.9131.772.0
Telefax: +49.9131.772.2542
E-Mail: info@defacto-stiftung.de

**Stiftung:
Der Schüler-Coach**
Peter Held et. al.
Obere Bahnhofstraße 18 a
90556 Cadolzburg
Telefon: (09103) 7144666

4. Epiloge

Unser Umfeld

Ein Arbeitsloser kostet die Gemeinschaft inkl. Steuerausfälle etwa 20 000 € p. a. (abzüglich der Beiträge, die der Arbeitslose bisher bezahlt hat).

Ich höre die Klage über die Dominanz der wirtschaftlichen Kategorien in allzu vielen Lebensbereichen. Auch in der Schule. Man bedenke jedoch:

Die fetten Jahre bis Ende der 80er Jahre im Schwung des Kriegsnachholbedarfs und der Abwesenheit von wirklich globalem Wettbewerb haben uns ein Bild der Welt vermittelt, das eher Wünschen, aber nicht ganz der Realität entspricht. Wir blenden zu oft die Konsequenzen der großen Veränderungen der letzten 40 Jahre aus:

- Die Lebenserwartung ist deutlich gestiegen und steigt noch
- Steigende Produktivität bei zu geringer Innovation neuer Geschäfte frisst Arbeitsplätze
- Der Wettbewerb ist viel intensiver geworden und drückt ebenfalls auf die Beschäftigung im Lande
- Die beispiellose Solidarleistung „Aufbau Ost" band und bindet Ressourcen
- Die Erwerbsquote ist in Deutschland (zu) niedrig

Das steigert die sozialen Lasten, die Steuern, die Staatsverschuldung. Zu tragen ist dies nur aus der Wirtschaftsleistung, also durch die Befolgung der Regeln, die diese wachsen lässt.

Wir alle stehen im Wettbewerb mit anderen, die auch (zu Recht) darauf pochen, am Welt-Wohlstand ihren Anteil zu haben. Daher weht zunächst der Wind, der als soziale Kälte empfunden wird.

Die Wirtschaft und deren Wettbewerbsfähigkeit, Produktivität und Innovation ist und bleibt die einzig reale Basis unseres materiellen Lebens, sprich Wohlstands. Ja, es wird alles ökonomischer, temporeicher und effizienzgetriebener. Wir wollen Wohlstand, daher müssen wir auch das wollen. Besser, als die Beschwernisse vergangener Jahrhunderte. Seit knapp 100 Jahren gibt es Wohlstand für ca. 85 % der Menschen in den Industrieländern. Freuen wir uns. Sicher, was besser werden kann, müssen wir anstreben. Fakt ist, das globale Umfeld muss stärker beachtet werden und Fairness nach innen ist zu üben. Das zu vernachlässigen beschert auch soziale Kälte, die keiner gutheißen kann. Verhindern wir, dass das soziale Netz zum Lebensziel avancieren kann (das voraussetzungslose Grundeinkommen!). Wir müssen gemeinsam sicherstellen, dass junge Leute auf jeden Fall die Chance und den Zugang zu einem Beruf bekom-

Epilog

men und das soziale Netz eben nicht benötigen. Gute Ausbildung auf jeder Ebene ist daher ein MUSS für die Wirtschaft und für die einzelne Person. Handeln wir danach. Mitzuhelfen sind vor allem jene eingeladen, die vor dem 65sten Lebensjahr aus dem Erwerbsleben ausscheiden oder ausgeschieden sind.

Ein Blick auf die gängige Kritik an der Schul- und Ausbildungs-Situation

Klagen über das Schulsystem

Das (Haupt-)Schulsystem als katastrophal und desaströs zu bezeichnen, wie es Journalisten, Soziologen und leider auch manche (oft PISA-) Wissenschaftler plakativ tun, ist m. E. überzogen und bringt nur wenig.

Fakt ist, dass ein führendes Technologieland und Exportweltmeisters, ein so schlechtes Bildungssystem, gemessen an diesem Ergebnis, nicht haben kann, auch im Vergleich mit anderen ähnlichen Industrie-Staaten. Daher wird die Politik eher zunächst jene gesellschaftlichen Bedürfnisse bedienen, die relativ schlechter dastehen oder die stärkere Lobby haben, gehört ja auch zur Demokratie. Die Priorität der Mittel für den Aufbau Ost ist da ein ganz gutes Beispiel. Oder die Frage, wie finanzieren wir eine überalterte Gesellschaft und deren Gesundheit. Oder denken wir an die Kosten, unser Finanzsystem und den Euro zu stabilisieren. Es bleibt allerdings Geheimnis der Politik, keine klare Diskussion über Prioritäten im Staate zu führen. Das Budget so wissen wir, ist aber der geronnene politische Wille der Gesellschaft. Also befasse man sich weniger mit umfangreichen Sozialstudien zur Schule sondern blicke einfach auf die entsprechenden Seiten der Landeshaushalte und hinterfrage die dort festgelegten Prioritäten. Schwächen durch fehlendes Personal und zu geringe Implementierung wissenschaftlicher Erkenntnisse der modernen Pädagogik sind m. E. aber nicht zu leugnen. Immerhin hat man im April 2010 750 Millionen bis 2017 für „Reparaturmaßnahmen" am Bildungssystem versprochen.

Sind die Soziologen auf dem sicheren Weg mit Studien und Schlussfolgerungen, Beispiel PISA? PISA, vor allem die Schlüsse daraus, „katastrophales Schulsystem etc." sind m. E. wenig einleuchtend gemessen an den Positionen der betrachteten Volkswirtschaften. Wenn die innovativsten und besten Volkswirtschaften (gemessen an ihrer Leistungsfähigkeit) bei PISA nur mittlere Plätze einnehmen, dann ist nicht am Land was falsch sondern am PISA-Test: In den Naturwissenschaften rangiert Estland vor Deutschland und der Schweiz. Die USA, das innovativste Land, liegen nach PISA weit abgeschlagen „unter dem Durchschnitt" (SZ 05.12.2007 S 6). Man verschone uns vor solchen „Erkenntnissen".

Dass sich hinter den meisten Schulproblemen der Haupt- und jetzt dann Mittelschulen zu allererst die mangelhafte Integrationspolitik der letzen 40 Jahre und auf der anderen Seite

Epilog

allzu zögerliche Integrationsbereitschaft verbirgt, das mal anzuerkennen **würde konkretere Handlungsansätze bringen** als die (Haupt-) Schulen zu verteufeln. In Klassen mit 50 % Schwachsprachlern, und Klassenstärken von 25 Kindern und mehr, kann man nicht herkömmlichen Unterricht halten. Verbesserung hier kostet Geld. Man darf gespannt sein, ob Ganztagschulen hier Besserung bringen, sicher ist das nicht. Die rückläufigen Schülerzahlen müssten finanzielle Spielräume schaffen.

Klagen über die Integrationssituation

Was bleiben wird: Klamme Kassen und eine oft als unzureichend empfundene Integration, die sich zuerst als fehlende Sprachkenntnis mit allen „Kollateralschäden" daraus zeigt. Wenn in den USA ein Ire nach einer Generation Amerikaner geworden ist, so wird das bei den moslemischen Einwanderern hierzulande aus der sehr anders gelagerten Ausgangs- und Motivationslage deutlich länger dauern, so meine Überzeugung. Hier hilft nur eines: Einen fantastischen Sprachunterricht auf die Beine zu stellen, das wäre „75 % der Miete". Übrigens eine Sache, die spätestens seit 1978 allen die Ohren hatten zu hören und ein Herz um zu verstehen, klar gewesen ist. Aber: Ohne Lobbyismus, der Kulissengang der Demokratie, geht eben nur wenig.

Haben wir bitte Verständnis: Wenn den Moslems nach getaner Arbeit abends aus der Sicht des Privatfernsehens unsere Welt nahe gebracht wird, oder sie mit der „Freiheit" des Zugangs zur Pornographie für jeden und auffälligem Alkoholmissbrauch unter Jugendlichen an den Schulen konfrontiert werden, dann sollen wir uns über ihre Integrationszögerlichkeit nicht so sehr wundern. Die Generation meiner Großeltern hätte sich genau so verhalten wie Moslems heute. Und die jüngere deutsche Geschichte ist den Immigranten ja auch nicht immer unbekannt. Das alles sollten wir bedenken, bevor wir diesen Menschen pauschal mangelnden Integrationswillen vorhalten. Wie soll da schnell Vertrauen entstehen, die Basisvoraussetzung für Integration?

Tun, was gerade noch nicht verboten ist, ist das die gelebte Vision meiner Generation für das gesellschaftliche Zusammenleben? Haben wir uns denn nicht an viel zu viel gewöhnt und hinterfragen es nicht mehr? Das sollte uns genau so bewegen wie Integrationsschwerfälligkeit mancher moslemischer Kreise.

Integration bedeutet aus meiner Sicht, zwei Hürden zu nehmen, die Sprachbarriere und die Wissensbarriere. Letzteres ist nicht alleine eine Herausforderung für Migranten. Ich denke, mit der Perfektionierung der Sprache werden praktisch alle Positionen in einer Gesellschaft erreichbar und diese Erkenntnis wird sich – wenn auch langsam – durchsetzen und die Integration beflügeln.

Epilog

Klagen über die Qualität der Auszubildenden

Die (ewige) Klage über ungeeignete Auszubildende (SZ 09.04.2010)
50 000 Ausbildungsplätze seien 2009 bundesweit unbesetzt geblieben

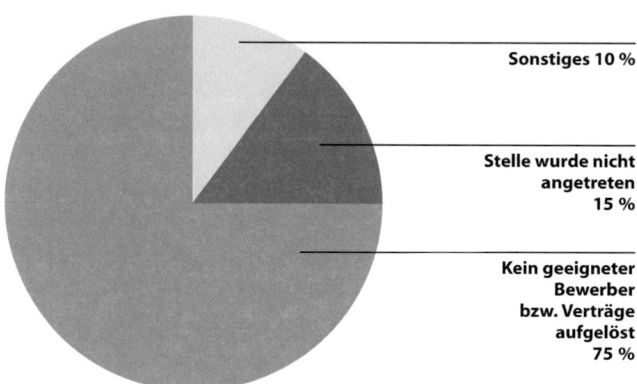

Quelle: DIHK, 2009

Es mangele an schulischen Grundkenntnissen, an Disziplin und an Leistungsbereitschaft. Der große Nachteil dieses Berichts ist: Es bleibt offen, wer denn „kein geeigneter Bewerber" sei. Das Merkmal Muttersprache wäre hier unbedingt auszuwerten.

Da diese Klage, hier die Sicht der Unternehmen, sich seit Jahren ständig wiederholen, wäre es doch an allen beteiligten Parteien, mal Abhilfe zu schaffen.
Werden dies die Schavan'schen 750 Millionen bis 2017 schaffen? Hoffen wir es.

Vor allem bei Hauptschülern müsse der Wunsch nach einem Beruf aktiv(!) geweckt werden diagnostiziert Frau Professor Isabell van Ackeren, Professorin für Bildungsforschung in Duisburg.

Ein kleiner Anfang dies zu verbessern ist z. B. die Aktion „Starke Schule". Das wesentliche sei die enge Verzahnung von Lernalltag und Berufsvorbereitung. Z. B. in der Form von Schülerfirmen oder regelmäßige Vorträge durch Vertreter der Wirtschaft. Auf diese Weise würde die Berufswahl erst zum Thema, meint der Autor des Beitrags (SZ 14.04.2010), der über die Erfahrungen von Neustadt in Niedersachsen berichtet.

5. Literatur und Sachregister

Gemeinsam die Adoleszenz bewältigen. Ein Elternratgeber. (Taschenbuch)
von Ava Siegler (Autor)
Taschenbuch: 270 Seiten
Verlag: Beltz; Auflage: 1 (2003)
ISBN-10: 3407228589
ISBN-13: 978-3407228581

Stiftung: Gudrun Halbrock
Gustav-Leo-Str. 14
20249 Hamburg
Telefon: +49 40 47 85 69
E-Mail: g.halbrock@gmx.de
Der methodische Ansatz des Erziehungskonzeptes nach Alfred Adler und Rudolf Dreikurs
www.kinder-respektvoll-erziehen.de

Prof. Dr. med. Joachim Bauer, Freiburg
Lob der Schule
Sieben Perspektiven für Schüler Lehrer und Eltern
Heyne München, 2008

ISBN 978-3-43-60083-6

Ausbildungspatenschaften in Bayern,
eine Übersichtsdarstellung aus dem Jahr 2007
Die Profile (Tätigkeitsschwerpunkt, Trägerschaft, Finanzierung) der in Bayern tätigen Initiativen zur Unterstützung von Hauptschülern
Diözesanrat der Katholiken der Erzdiözese München und Freising
www.ausbildungspaten-bayern.de

Sachregister

Angebote an Schüler im Rahmen Coaching	41
Anschreiben, Bewerbungsunterlage	111
Anteilnahme am Leben des Jugendlichen, echte	29
Arbeit mit dem Schüler	39
Arbeit systematisieren, strukturieren	32
Arbeitshilfen für Coach Schüler & Coach	70
Arbeitsmaterialien Schüler	39
Arbeitsmethoden (Arbeitsziele)	24
Arbeitsziel Noten verbessern	31
Arbeitsziele des Coaching	31
Argumente für das Lernen	73
Aufgaben im Coaching-Projekt	122
Aufteilung, Schüler auf Coachs	38
Ausbildungsfirma, was interessiert sie vom AZUBI	116
Ausbildungsplatzanforderung, wie sind sie zu lesen?	66
Ausbildungsplatzangebot analysieren	66
Ausbildungsplatzmarkt, Transparenz herstellen	64
Ausbildungsplatzsuche	64
Ausbildungsplatzsuche, Vorteil Coaching	68
Ausbildungsvertrag, Zusage	69
Ausgrenzung, Grund für Fehlverhalten	49
Ausrüstung des Schülers	39
Auszubildende und ihre Probleme	19
Basis der Beziehung, Vertrauen schaffen	28
Bauer, Joachim, Dr. Professor	28
Bayern, Coaching-Initiativen	18
Begeisterung vorleben, Eltern, Lehrer, Mentoren	29
Begeisterung, Kraft der (Berufswahl)	58
Benchmarks für Coaching-Projekte	124, 126
Benehmen, Rolle des	19
Berufe Universum	62
Berufsberatung durch den Coach	33
Berufsberatung	103
Berufsbild finden	57
Berufsneigungen erkunden	61
Berufsrollen kennenlernen, Übungen	104
Berufsrollen kennenlernen, Übungen	54
Berufswünsche prüfen	57
Berufswünsche testen	57
Besser lernen mit PowerLearning	92

Sachregister

Betreuung für Coachs	127
Betreuungsdichte in Bayern, geschätzt	17
Bewerbung, erfolgreiche, Arbeitsphase mit Ziel	40
Bewerbung, gescheitert – warum	34
Bewerbungen, Überblick behalten und verfolgen	69
Bewerbungsdokumente, ein Muster	112
Bewerbungsgespräch vorbereiten	68
Bewerbungsgespräch, Checkliste	115
Bewerbungsgespräch, so wird es beurteilt	118
Bewerbungsunterlagen, elektronische, Probleme	34
Bewerbungsunterlagen, Merkpunkte	67
Bewerbungsunterlagen, schlechte	19
Bewerbungsunterlagen, schriftlich oder elektronisch	34
Bewertung des Vorstellungsgespräches	118
Beziehung gestalten	28, 30, 46
Beziehung zum Schüler gestalten	85
Beziehungsaufbau zum Schüler, Regeln	29
Beziehungsaufbau, der Schlüssel zum Erfolg	28
Beurteilung Bewerbungsgespräch	118
Bildungsbericht, nationaler	14
Bürgerengagement, etwas Statistik	36
Bürgerengagement, riesige Potenziale	36
Careertraining	92
Chancen für Jugend, das Programm des BMBF	15
Checkliste für den Coach	103
Checkliste Vorstellungsgespräch	115
Coach – Schüler Zuordnung	38
Coach Arbeitshilfen, Coaching-Ordner	101
Coach, Auftreten vor dem Schüler	30
Coach, Bereitschaft die Rolle zu übernehmen	26
Coach, Kompetenzen	25
Coach, seine Verpflichtungen	40
Coach, was er von sich erzählen sollte	46
Coach, welche Aufgaben muss er übernehmen	31
Coach, welche Aufgaben will er übernehmen	26
Coach, wie präsent sollte er sein	36
Coaching Projekt Ziele	124
Coaching Projekt, Herausforderungen	124
Coaching Projekt, was Träger& Aktoren sicherstellen müssen	122
Coaching Projekte, Benchmark	124

Sachregister

Coaching, ab wann	21
Coaching, der 10 Stufenplan	83
Coaching, die Ebenen der Arbeit	26
Coaching, Grundüberzeugungen	24
Coaching, Vorteil bei der Bewerbung	68
Coachingarbeit, Schwerpunkte phasenbezogen	40
Coaching-Aufgaben kurz gefasst	26
Coaching-Aufgaben, das Spektrum der	26
Coaching-Initiativen Bayern	18
Coachingkonzept, Grundüberzeugungen	24
Coaching, Leistungsspektrum	22
Coaching-Programm über das Jahr	26
Coaching-Programme, Erfolg	21
Coaching-Projekt aufsetzen	121
Coaching-Projekt, was muss es leisten	124
Coaching-Vereinbarung	96
Coaching-Vereinbarung, Sinn	96
Coachs, Unterstützung durch die Schule	127
Coachs, werben	122
Das Unternehmen und ich, verstehen was das bedeutet	80
Datenbanken für Ausbildungsplätze und Berufsbilder	65
Datenbanken	65
Datenbanken, Pflicht der Schulen	65
Dazugehören, ohne Wenn und Aber	10
defacto. Stiftung	128
Der Schüler-Coach, Stiftung	128
Eigeninitiative beim Vorstellungsgespräch	117
Eignungstest Bundesagentur, Hinführung	62
Eignungstest von zu Hause aus, Bundesagentur	62
Eignungstest, Führer durch den Test der BAfA	62
Eignungstests auf dem Markt	61
Eignungstests, Evaluierung	61
Eignungstests – geva	56
Einstellungen, wie können sie geändert werden	24
Eltern, aktive Einbeziehung über die Lehrer	127
Eltern, ihr Vertrauen gewinnen	35
Eltern, ihre Rolle im Coachig	35
Eltern, ihre Rolle	11
Eltern, ihre Verantwortung	11
Eltern, Überzeugung vom Coaching	38

Sachregister

Eltern, wie kann man sie erreichen	38
Erfolg eines Projekts, Maßstab	124
Erfolg hat multiplikative Komponenten (MV)	77
Erfolg ist Ergebnis einer Multiplikation	77
Erfolg von Coaching-Programmen	21
Erfolgreiche Struktur eines Coaching-Projekts	126
Erfolgreiches Coaching, Gründe	21
Erfolgserlebnisse erzeugen	90
Erfolgsfaktoren bei Gründung eines Coaching-Projekts	127
Erfolgskomponenten (MV)	77
Ermittlung des kommunalen Coaching-Bedarfes, ein Beispiel	20
Erwartungen Ausbildungsbetriebe	54
Erwartungen der Wirtschaft	54
Erwartungen und Realitäten, das Unternehmen und ich	80
Erwartungen und Realitäten, ich und das Unternehmen	79
Erwerbsquote	9
Fähigkeiten des Schülers entdecken	52
Fähigkeiten des Schülers entdecken, Übung	53
Familie und Coaching	11
Familieninformation über das Projekt Coaching	108
Feedback, der „Soforterfolg"	90
Feedback, visuelles	90
Firma, kennenlernen	67
Firmen kennenlernen, ihre Werte, was ist ihnen wichtig	67
Firmenbesuch, Checkliste	115
Fragen an den Ausbildungsplatzgeber	117
Fragen von den Personalbüros	116
Förderung, individuelle	126
Führungsaufgabe, Coaching ist	25
Gehirn, Zentren für Lebenswille, Energie, Motivation, Lust	28
Gesprächsleitfaden, Kennen lernen	85
Gewerbeverbände und Ausbildungsplatzsuche	64
Große Coaching-Initiativen	128
Grundbedürfnissen der Jugendlichen, Respekt vor den	49
Gründe für das Scheitern von Azubis	19
Gründen, Coaching-Projekt	121
Grundüberzeugungen zum Coaching-Ansatz	24
Grundüberzeugungen, Konzept basierend	24
Handlungsbedarf bei der Bildungspolitik	14
Handwerkskammer und Ausbildungsplatzangebot	65

Sachregister

Hartz IV Kinder	8
Hautpschulprobleme, gelöst unter anderem Namen?	11
Herausforderungen für ein Coaching-Projekt	124
Ich und das Unternehmen, verstehen was das bedeutet	79
Individuelle Betreuung für Schüler	126
Integration, Klagen darüber	131
Interesse am Schüler, in jeder Form erzeugt Motivation	96
Jugendliche, ihre sozialen Grundbedürfnisse	49
Jugendliche, ihre Verantwortung	71
Jugendliche, Pubertät	47
Kennen lernen, ein Gesprächsleitfaden	85
Kennzahlen für Coaching-Projekte	126
Klagen über die Qualität der Auszubildenden	132
Kommunikationsregeln mit dem Schüler	40
Komponenten des Erfolges (MV)	77
Kontaktverfolgungsplan	114
Kontaktverfolgungstabelle	114
Kontaktverwaltung	69
Kostenfragen	42
Kritik an der Schule	130
Lebenslauf	112
Lebensperspektive und Schulleistung	74
Lehrer, aktive Mittler zwischen Eltern und Coachs	127
Lehrpersonen und Coachs	35
Lehrpersonen, Rolle, Restriktionen	35
Lehrplan	35
Lehrstellen-und Berufsbilderdatenbanken	49
Leistungen der Schüler	31
Leistungen der Schüler, dokumentieren	52
Leistungsspektrum des Coachings	22
Lernen, warum sich anstrengen	73
Literaturverzeichnis	133
Lobby, fehlende Lobbyarbeit	10
Mängel der Azubis, ist das Coaching-Programm	20
Markttransparenz über das lokale Ausbildungsangebot	64
Materialsammlung Coach	101
Misserfolge analysieren	34
Misserfolgsanalyse	34
Motivation durch Preise	73
Motivation durch Ziele	73

Sachregister

Motivation, Bedeutung	28
Motivation, Botenstoffe	28
Motivation, ihre biologischen Verursacher	28
Motivation, Schlüssel zum Erfolg	2
Motivation, Voraussetzungen für	28
Motivation, wie kommt sie zustande	28
Motivationssystem, Aktivierung des	28
Motivieren durch Ziele	73
Nachhilfe, Kosten und Organisation	42
Nachhilfe, Regeln dazu	119
Nachhilfe, Regeln für den Nachhilfegebenden Schüler	119
Neigungen, Geschick, Fähigkeiten – ein Selbsttest	59
Netzwerke Coaching	122
Noten verbessern	91
Noten verfolgen, Coaching Aufgabe	26
Notenverbesserung, Arbeitsphase mit Ziel	40
Notenverbesserung, jetzt	75
Organisation der Arbeit Coach – Schüler	39
Organisation der Arbeit mit dem Schüler	39
Organisation eines Coaching-Projekts	121
Patriotismus	69
Personalbüro, Fragen die es stellt	116
Pflichten Coach, ist an alles gedacht worden	103
Phasen des Coaching, Bewerbung	41
Phasen des Coaching, Notenverbesserung	40
Potenziale der Schüler erkennen	31
Potenziale des Schülers aktivieren	31
Potenziale des Schülers sichtbar machen	31
Potenziale erkennen, Übung	53
PowerLearning	92
PowerLearning, besser lernen, ein Seminar	92
Praktikumserfahrungen, Nutzen	32
Praktikumsbericht – zum Schmunzeln	94
Praktikumszeugnis, wie es aussehen sollte	93
Praktikumszeugnisse verbessert	93
Problembehebung bei Coaching-Projekten	125
Probleme der Auszubildenden	19
Probleme mit Jugendlichen, Pubertät	47
Prozess des Coachings, 10 Stufen (AH)	83
Pubertät, neun Ängste bzw. Unsicherheiten	47

Sachregister

Pubertät, Probleme verstehen	47
Quali, wie wird er ermittelt	120
Qualifizierender Hauptschulabschluss, Bedeutung	31
Quali-Kalkulation, ein Beispiel	120
Qualitätssystem an der Schule zur Schülerförderung	126
Regeln für Schüler die Nachhilfe geben	119
Rezepte für das Coaching	25
Rolle des Coaches und Schule, nur Ergänzung	27
Rolle von Eltern und Lehrer, Begeisterung vorleben	29
Rollenverteilung im Coaching-Projekt	121
Schavan – Initiative der Ministerin	15
Schulen, wo wollen sie durch Coaching unterstützt werden	105
Schüler brauchen Einbindung, nicht Ausgrenzung	10
Schüler kennenlernen	85
Schüler, warum sind sie so (schwierig)	49
Schüler, wo stehe ich?	56, 59
Schwerpunkte des Coachings über die Zeit	26
Selbsteinschätzung	59
Selbsttest zu Neigungen, Geschick, Fähigkeiten	61
Selbstverpflichtung des Schülers, eine Möglichkeit	99
Selbstwertgefühl und Leistung	53
Siemens-Jona, Eignungstest	61
Soziale Anerkennung, ihre wichtige Rolle	29
Spielregeln Schüler – Coach	40
Stärken und Neigungen der Schüler	52
Start organisieren	37
Steigungswinkel erhöhen, Schulleistung verbessern	75
Träger eines Coaching-Programms	121
Trägerorganisationen	36
Trägerschaftsmodelle, Vorteile, Nachteile	123
Türkisch zuerst lernen?	10
Überblick über große Coaching-Initiativen	128
Übergangssysteme für „Schulversager"	14
Überzeugungen, Basis des Coachings	24
Umfeld des Schülers, wie lebt er	46
Umfeld unserer Bildungssysteme	127
Universitäten, Unterstützung für Hauptschulen durch Programme	126
Unternehmen, ihre Erwartungen	54
Unternehmen, wie es erfolgreich ist	80
Unternehmenserwartungen	54

Sachregister

Unterstützungsbedarf, bundesweit	10
Verantwortung, die der Eltern, die des Schülers	71
Verantwortungen, Eltern, Schüler	71
Verpflichtungen des Coachs	40
Versäumnisse der Politik, Sprachschulung	10
Vertrag über Coaching	96
Vertrauen stärken	53
Videotraining	32
Visuelles Feedback	91
Vorstellungsgespräch, eine Checkliste	115
Vorstellungsgespräch, Fragen an den Ausbilder	117
Werbung für das Coaching	108
Wochenplanung, Zeitmanagement	88
Wünsche und Ziele der Schüler	52
Zeit des Schülers, wofür wird sie genutzt	87
Zeitbedarf Coaching	26
Zeiteinteilung, Zeitmanagement, der Wochenplan	88
Zeitmanagement (Arbeitsziele)	32
Zeitmanagement, Bedeutung	32
Zeitmanagement, der Wochenplan	88
Zentren für Lebenswille, Energie, Motivation, Lust	28
Ziele erreichen, sich selbst mobilisieren	73
Ziele finden	32
Ziele mit Pflichten verknüpfen	76
Ziele, entdecken, auf sie hinarbeiten	32
Ziele, sich Ziele setzen	32
Zielverfehlung von Coaching Projekten	125
Zuwendung, zentrales Coaching-Anliegen	25